querfeldein & quicklebendig

Der Hausacher LeseLenz

Das Literaturfestival Hausacher LeseLenz wurde 1998 gegründet und hat sich zu einem der „spannendsten Literaturfestivals im deutschsprachigen Raum entwickelt" (FAZ). Mehrere tausend Menschen nehmen jedes Jahr an den Veranstaltungen teil. Zusätzlich über 2.500 Schülerinnen und Schüler aus der gesamten Region. Außerdem vergibt der Hausacher LeseLenz jährlich drei Aufenthaltsstipendien, verleiht den „LeseLenz-Preis der Thumm-Stiftung für Junge Literatur" und hat gemeinsam mit der PH Karlsruhe die Poetik-Dozentur „kinderleicht & lesejung" an dieser Hochschule initiiert. Der Hausacher LeseLenz ist Mitglied im Zusammenschluss der europäischen Lyrik-Plattform VERSOPOLIS und im Netzwerk Lyrik e.V. Finanziell gefördert wird er vom Verein zu Förderung des Hausacher LeseLenzes e.V., der Stadt Hausach und maßgeblich von der Neumayer Stiftung.

www.leselenz.eu

querfeldein & quicklebendig

Kinder- und Jugendliteratur
im Hausacher LeseLenz

Herausgegeben von
Ulrike Wörner
Victoria Agüera Oliver de Stahl
José F.A. Oliver

Illustriert von Petra Pfirmann

SCHILER & MÜCKE

Bibliografische Information der Deutschen Nationalbibliothek
Die Deutsche Nationalbibliothek verzeichnet diese Publikation in der
Deutschen Nationalbibliografie; detaillierte bibliografische Daten sind
im Internet über http://dnb.dnb.de abrufbar.

ISBN 978-3-89930-438-1

Riese und Zwerg und zwei Schiefe

ANJA TUCKERMANN

Da war der Riese mit den kleinen Füßen. Ein bisschen zu klein für einen Riesen. Er wankt beim Gehen.

Das war der Zwerg mit den großen Füßen. Er stolpert oft, die Beine sind ein bisschen kurz für so große Füße.

Irgendwas ist schief gegangen.
Für Riese und Zwerg gibt's kein Voran.

Zwei Schiefe kommen des Wegs.

Gucke, sagt der Zwerg zum Riesen, die Füße. Nicht zu groß, nicht zu klein.

Gucke, sagen die Schiefen. Sie sind schön grad. So schön grad.

Alle Viere gucken.
Alle Viere können sich nicht satt sehen.

Der Riese sagt: Ich fühl mich so riesig.

Der Zwerg sagt: Bei mir sind's nur die Füße.

Wir wären gern so schön grad wie ihr! sagen die Schiefen.
So schön grad.

Na, dann hopp, sagt der Riese zum Zwerg. Hinauf!

Na, dann ran! sagt der Riese zu den Schiefen. Ran an die Bouletten!

Jubel. Dann kommt's drauf an. Klappt's?

Ein Schiefer lehnt sich an den Riesen. Großes Gestolper, auf dem
Weg liegen spitze Steine. Aua.
Vorsichtig gleichzeitig ran, sagt der Riese. Ein Ruck.

Großes Geschwanke, aber gibt keinen Sturmwind, nur kleine Füße
und zwei Schiefe. Der Riese schafft's. Applaus vom Zwerg, die
Schiefen halten still.
Nur Lächeln bringt nicht aus der Gerade.

Da stehen wir – Riese, rechts ein Schiefer, links ein Schiefer.
Und der Zwerg? Unten.
Hopp, sagt der Riese, aber für hopp ist er zu hoch. Klettern?
Die Füße vom Zwerg sind so groß, die Arme so kurz.

Der Riese bückt sich nach dem Zwerg, greift ihn am Kragen, da
fallen die Schiefen um. Auf den Zwerg. Und der Weg hat spitze
Steine. Aua. Und der Riese liegt oben drüber.

Hm. Wollen ja nur helfen, sagen die Schiefen und es nicken alle
Viere. Also noch mal.

Zuerst der Riese auf die Füße (klein), dann der Zwerg hoch, hopp,
dann die Schiefen ran. Stille stehen. Hält's?

Ein Riese (kleine Füße) mit einem Zwerg (große Füße) auf den Schultern, mit zwei Schiefen (Füße nicht zu groß, nicht zu klein) rechts und links am Riesen gehen des Wegs.

Wohin?

Erstmal voran, sagen die Schiefen. Alle Viere nicken.
Voran ist der Weg.

Der Zwerg da oben hält Ausschau nach einem Ziel für Riese, Zwerg und zwei Schiefe.

9

dimmi und dummi

ARNE RAUTENBERG

dimmi sagt zu dummi
hol mir mal den flummi

dummi sagt zu dimmi
hol ihn selbst du dummi

du dummi sagt da dimmi
du dummi bist selbst dummi

du dimmi sagt da dummi
das stimmt ich hol den flummi

Die Räuber haben sich gebessert

MARTIN EBBERTZ

In der Räuberhöhle am schrägen Hang lebten elf Räuber, die hatten Schluss gemacht mit der Räuberei.

„Wir werden unser Geld mit redlicher Arbeit verdienen", sagte einer der Räuber.

„Was ist denn das?", fragte ein anderer. „Keine Ahnung!", brummte ein dritter.

„Bestimmt hat es mit Reden zu tun", sagte der Räuberhauptmann, und weil ihn alle ungläubig anstarrten, rief er: „Redlich! Versteht ihr? *Redlich!*"

Die Räuber schüttelten missmutig die Köpfe. „Arbeit heißt nicht reden, Arbeit heißt Geld verdienen", sagte einer.

„Fußballer verdienen viel Geld!", behauptete ein zweiter.

„Ich hab's!", rief ein dritter. „Wir überfallen einen Fußballer und rauben ihn aus!"

„Bravo!", jubelten die Räuber. „Prima! Klasse! Spitzenidee!"

„Aber nein", sagte der Räuberhauptmann plötzlich betrübt. „Fußballer überfallen und ausrauben ist Räuberei. Das wollen wir doch nicht mehr machen. Wir haben uns gebessert."

„So ist es", murmelten die Räuber. „Aber was machen wir dann?"

Wieder hatte einer eine Idee. „Ich weiß was", sagte er. „Wenn Fußballer viel Geld verdienen, dann werden wir doch einfach selbst Fußballer!"

„Können wir das denn?", fragte ein anderer.

„Fußball spielen kann doch wohl jeder", sagte der Räuberhauptmann.

Die Räuber fingen sofort mit den Vorbereitungen an. Einer besorgte einen Ball (hoffentlich nicht geklaut ...!). Als Fußballplatz wählten sie die Wiese am schrägen Hang. „Die ist gut geeignet!", sagten sie. „Da müssen unsere Gegner den Ball bergauf schießen! Und wir können ihn einfach runterrollen lassen."

Dann bauten die Räuber zwei Tore, ein ziemlich kleines für die eigene Hälfte und ein extra großes für die Hälfte der Gegner. „So ist es gut", freuten sie sich. „So treffen wir leichter das Tor."

Nun war alles vorbereitet.

„Aber etwas fehlt noch", sagte ein Räuber.

„Stimmt!", sagte ein zweiter. „Uns fehlt ein schwacher Gegner!"

„Wieso schwacher Gegner?", fragte ein dritter.

„Wir wollen doch gewinnen", erklärte der Räuberhauptmann. „Ein schwacher Gegner wäre gut für uns."

Die Räuber fragten mehrere abstiegsgefährdete Fußballmann-schaften aus verschiedenen Ländern, aber alle schwachen Gegner hatten Angst vor den Räubern. Niemand glaubte ihnen, dass sie wirklich Schluss gemacht hatten mit der Räuberei.

„Das ist sehr traurig", sagte der Räuberhauptmann. „Kann denn keiner glauben, dass ein Räuber sich bessert?"

Zufällig waren gerade elf Piraten in der Gegend. Eigentlich hatten sie sich bloß verirrt und suchten ihr Schiff. Als sie aber hörten, dass die Räuber sich gebessert hatten, glaubten sie es sofort und sagten: „Das wollen wir auch! Wir machen Schluss mit der Piraterie. Ab jetzt spielen wir Fußball."

Sie hatten keine Angst vor den Räubern, und schon am nächsten Nachmittag traten sie an zum großen Spiel. Ein schwacher Gegner waren sie allerdings nicht – im Gegenteil! Die Räuber schossen zwar viele Tore, doch jedes Mal protestierten die Piraten: „Gilt nicht! Abseits!" Sie zeigten ihre Muskeln und machten dabei so grimmige Gesichter, dass kein Räuber zu widersprechen wagte.

Kurz vor Schluss schossen die Piraten ein Tor und gewannen knapp mit 1 : 0.

Das hätten die Räuber nicht gedacht.

„Wie konnte das nur passieren?", wunderten sie sich.

„Fair war es jedenfalls nicht", ärgerte sich der Räuberhauptmann, und die anderen Räuber stimmten ihm zu.

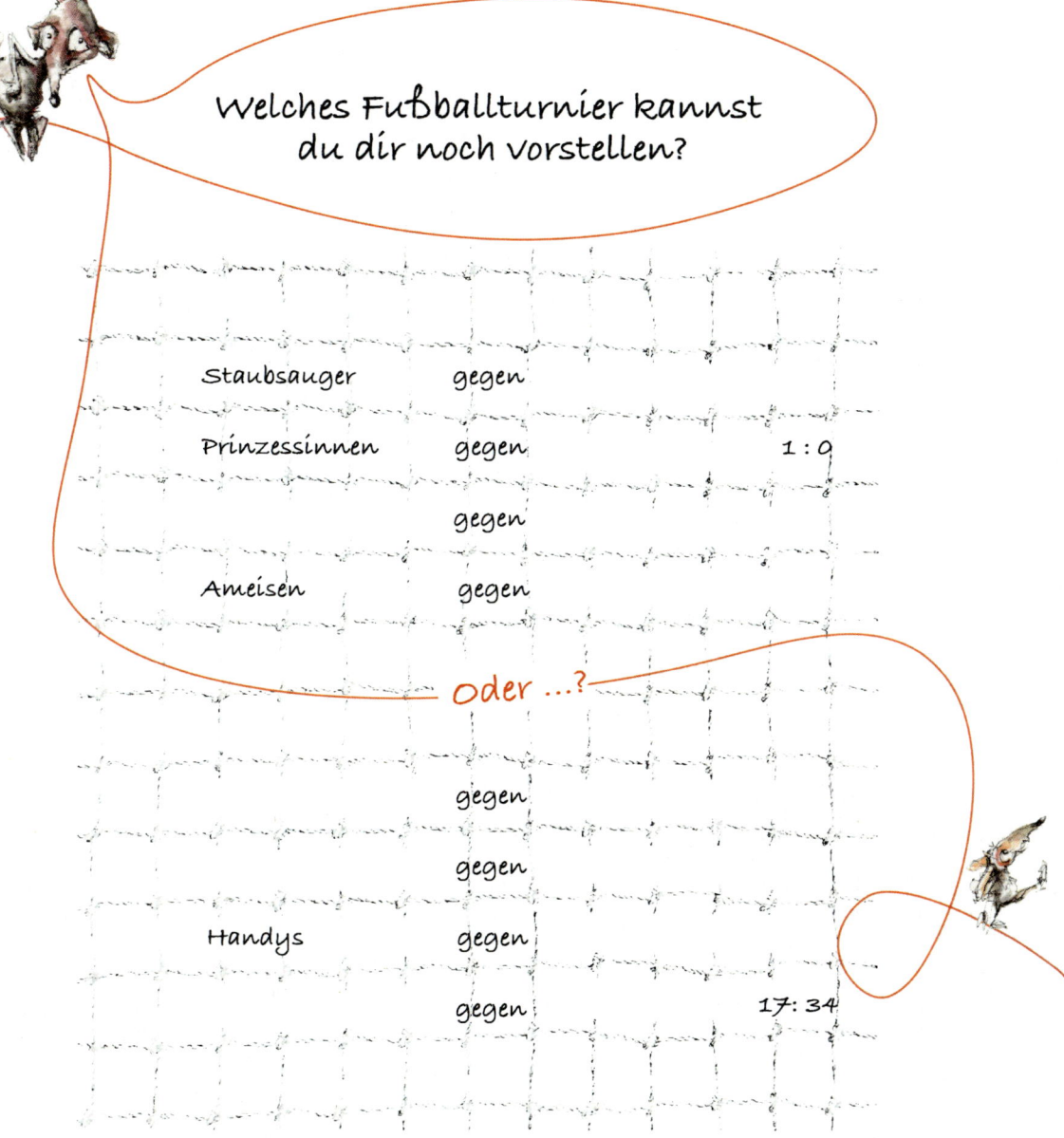

Welches Fußballturnier kannst du dir noch vorstellen?

Staubsauger   gegen

Prinzessinnen   gegen   1 : 0

gegen

Ameisen   gegen

Oder ...?

gegen

gegen

Handys   gegen

gegen   17 : 34

ARNE RAUTENBERG

wenn
maulwürfe
den fußballplatz
stürmen sieht man laufende
haufen auf dem rasen sich türmen

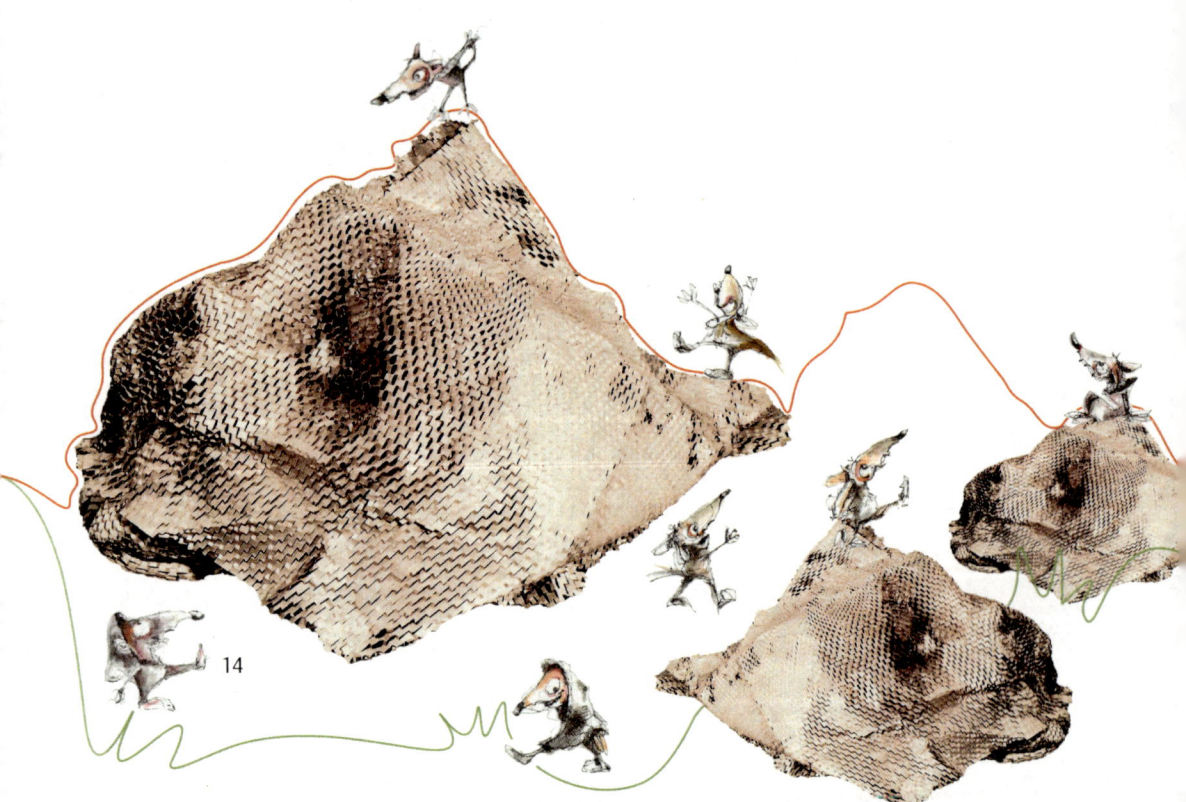

Der Mann, der nichts kann

ANJA TUCKERMANN

der Mann wacht am Morgen auf
heut geh ich den Berg hinauf
aber der Mann kam nicht an
weil der Mann ja nichts kann

der Mann schläft am Abend ein
heut träum ich vom Fliegen
und der Mann kam oben an
und träumt was er noch so kann

der Mann wacht am Morgen auf
ich werd noch viel hinkriegen
er ging in die Welt und begann
und wurde der Mann der was kann

Die kleine Sensenfrau

MICHAEL STAVARIČ

Als Herr Tod eines Morgens müde wurde, erinnerte er sich, was ihm einst sein alter Vater zu berichten wusste: „Eines Tages wirst du dich zur Ruhe setzen. Alle Väter vererben ihr Hab und Gut irgendwann ihren Söhnen und gehen ihres Weges."

Allerdings, Herr Tod hatte gar keinen Sohn. Ihm war eine Tochter geboren, die er – voller Übermut – kleine Sensenfrau rief.

Als die kleine Sensenfrau eines Tages neben ihrem Vater zu stehen kam, fiel ihr auf, wie klein sie doch war. „Ob sich wohl alle kleinen Mädchen neben ihren Vätern so fühlen", dachte sie verwundert. Sie versuchte sich zu strecken, auf die Zehenspitzen zu stellen, aber ihr Vater nahm gar keine Notiz davon.

„Ich bin so groß wie ein Haus, ich bin so groß wie ein Pferd, wie ein ganzes Land" … der Vater jedoch lehnte am Fensterbrett und sah den Raben zu, die schon den ganzen Tag über stumm in den Wipfeln der Bäume saßen.

„Vater, was genau ist eigentlich der Tod? Ist er deine Sense?"

„Nein, Liebes, der Tod ist keine Sense."

„Vater, ist der Tod vielleicht ein uns allen unbekannter Ort?"

„Das musst du schon selbst herausfinden, fürchte ich", antwortete er.

Die kleine Sensenfrau überlegte.

Da reichte ihr der Vater plötzlich seine riesige Sense und sprach: „Es ist wohl wirklich an der Zeit für dich, in die Welt zu gehen, um etwas über das Leben und Sterben zu erfahren. Es ist schließlich der Lauf aller Dinge …", dann schwieg er und warf den Raben vor dem Fenster erneut ein paar Brotkrumen zu.

Die kleine Sensenfrau streifte sich die Kutte ihres Vaters über (sie war viel zu groß), griff nach der Sense und erschrak. Schwer und unhandlich war dieses Ding – ob es wirklich vonnöten war? Und wozu es wohl taugen mochte? Sie überlegte: „Hm, könnte es mir als Blitzableiter dienen? Wenn ich im Sturm und Hagel die Steppen quere? Oder einen Pflug auf den Feldern ersetzen?"

Sie stellte sich ein kleines Pony vor, wie es die Sense durchs Erdreich zog, verwarf den Gedanken jedoch augenblicklich wieder. Diese Arbeit war nun wirklich viel zu schwer für ein Pony!

Die kleine Sensenfrau verließ grübelnd das Haus, sie stolperte und wankte – die viel zu lange Kutte, die zu großen Schuhe, diese verflixte, ach so schwere Sense, verdammt und zugenäht …

„Sch … eibenkleister!"

„Wir fluchen doch nicht. Das tun wir niemals!", ermahnte sie der Vater aus der Ferne.

Die kleine Sensenfrau mühte sich die Straße entlang. Das Haus ihres Vaters wurde kleiner und kleiner, er winkte ihr lächelnd hinterher, während die Raben aufflogen und krächzten.

Im nächsten Dorf kam sie an einem verfallenen Gemäuer vorbei. Zwei Maler strichen das einst wohnliche Haus, sie tauchten ihre Pinsel in strahlendes Gelb und das bröckelnde Bauwerk gelangte zu neuem Glanz. „So ist es also, wenn man Totem zu neuem Leben verhilft", dachte sie sich. „Es genügt vielleicht, den Dingen einen neuen Anstrich zu verpassen."

Sie hing ihren Gedanken nach, als es plötzlich passierte: Die kleine Sensenfrau übersah einen der Farbtöpfe, sie verlor das Gleichgewicht und fiel … mitten in eine der Farblachen. Ihre Knie und Ellbogen, die Ärmel, der dunkle Umhang, alles war voller gelber Flecken.

Sofort lief sie zum nahen Bächlein, versuchte die Farbtupfer auszuwaschen, doch es misslang ... Dieses Gelb war anscheinend wasserfest. „Manches lässt sich wohl nicht mehr ungeschehen machen", seufzte sie. „Ach, wie ich bloß aussehe!"

„Wie siehst du denn aus", fragte auch unverzüglich der Herr Malermeister.

„Na wie ein Fleckenteufel", lächelte sie schelmisch.

Und der Malermeister lachte daraufhin herzhaft. Er bot der kleinen Sensenfrau an, ihren – seiner Meinung nach – ohnedies viel zu dunklen Umhang vollends einzufärben. Gelb ist schließlich gut fürs Gemüt, gelb sind die Sonnenblumen und Entenküken, gelb sind sogar die Augen der Löwen, von Natur aus.

Und wo die kleine Sensenfrau schon dabei war, nahm sie kurzum ihre Sense zu Hilfe und kürzte den Umhang des Vaters auf eine erträgliche Länge. Sie säbelte und klemmte überschüssigen Stoff an Ärmeln und Taille ab (mit Hilfe einiger Wäscheklammern) und frohlockte. Endlich seh ich aus wie eine Lady! Die Stoffreste steckte sie sorgfältig ein, gar nichts wollte sie auf ihrem Weg verschwenden.

Man konnte sich nunmehr denken, was man wollte, aber Gelb stand ihr wirklich gut!

Bald kam die kleine Sensenfrau in eine große Stadt, sie wunderte sich über die hektischen Menschen, überall hupten und lärmten sie, schwärmten durch die Straßen und über den Rasen, Männer mit Aktenkoffern und Krawatten, Frauen mit Steckfrisuren und Rabatten, keiner hielt auch nur einen Augenblick inne, jeder kümmerte sich nur um sich selbst.

Ihr fielen ein paar Kinder auf, die sich ängstlich gegen eine Hauswand pressten, vor ihnen acht bellende Hunde, mit fletschenden Zähnen und Augen wie Zunder, sie sträubten ihr Fell, zu lang schon waren sie von der Leine.

Der kleinen Sensenfrau gefiel das gar nicht, sie nahm die Sense ihres Vaters (die immer größer und länger zu werden schien), schwenkte diese entschlossen über den Köpfen der Hunde (die plötzlich jaulten und winselten) und sprach: „Niemand bellt Kinder an, in meiner Gegenwart!"

Dabei warf sie einen riesigen Schatten, groß wie ein Haus, so groß wie ein Pferd, wie ein ganzes Land ... und die verwilderten Hunde liefen wie kopflose Hühner auseinander.

Nach der großen Stadt kam die kleine Sensenfrau an einen See. Sie trat ans Ufer und betrachtete eindringlich ihr schlingerndes Spiegelbild. Sie war tatsächlich größer geworden, einige Wäscheklammern fielen von ihr ab, plitsch platsch verschwanden sie irgendwo in den Tiefen des Sees. Ihre Arme und Beine waren gewachsen (die Kutte reichte gerade noch bis zu den Knien), ihre dunklen und länger gewordenen Haare warfen zahlreiche Locken, alles an ihr glich einer jungen, überaus frechen Frau. „Was das Leben doch für Überraschungen bereithält", kicherte sie.

„Aber was kann ich eigentlich noch?"

„Singen und Tanzen, hoch springen und laut mit der Zunge schnalzen, das Gras wachsen hören, mir die Haare föhnen, ich sehe, was kein Mensch wohl sieht ... die gebrochenen Flügel der Küken, die blinden Augen der Stuten, ich sehe, was fehl am Platz in einem Körper und Kopf, ich sehe die Zeit, jeden verlorenen Knopf, ich erkenne, was wo nicht hingehört, was den Lauf der Dinge nun stört ... das verfallene Haus, den zerbrochenen Krug, die verlorenen Rädchen und Schrauben ...", die kleine Sensenfrau hielt inne.

Sie sah ein leck gewordenes Boot am Ufer liegen, davor saßen zwei Kinder, die traurig auf den See blickten.

„Warum seid ihr denn gar so traurig?"

„Ach, ein Sturm hat unser Boot versenkt. Wie sollen wir nun je auf den See hinaus?"

Die kleine Sensenfrau setzte sich, sie spitzte die Lippen, besah ein paar Bretter, die der Sturm letzte Nacht an Land geschwemmt hatte, und überlegte. „Hm, wir könnten eines der großen Holzbretter nehmen, ein Loch aushöhlen, in das wir meine Sense stellen wie einen Mast und sofort Segel setzen." Die Kinder quiekten: „Und was nehmen wir anstatt der Segel?" Die kleine Sensenfrau grinste spitzbübisch: „Unsere Klamotten?"

Und wisst ihr was? Gesagt, getan!

Und für die, die es ganz genau wissen wollen ... natürlich trug die kleine Sensenfrau Unterwäsche, klar doch, sie war sogar bestickt, mit einem kleinen, lachenden Totenkopf.

Später besuchte sie sogar ein Schloss, es lag mitten in einer Stadt, an deren Namen sie sich nicht mehr erinnern konnte, wird wohl nicht so wichtig gewesen sein.

Als sie durch den Park spazierte, sah sie einige Bäume und Sträucher, die man unbedingt etwas stutzen musste ... und so formte die kleine Sensenfrau Rundbögen und Kanten, aus immergrünen Büschen schnitt sie gar Elefanten, die Hecken bekamen spitze Ecken, die Bäume säumten endlose Räume, sie glichen schließlich aneinander gefügten Quadern. Allein Marder gab es nicht, überall nur diese frechen Eichhörnchen.

Sie besah zufrieden ihr Werk ... was man mit einer Sense wohl noch so machen, ob sie gar auch zaubern kann?

Noch später gelangte die kleine Sensenfrau bis vor die Tore eines Klosters; neugierig klopfte sie an die Pforte, einige Mönche öffneten und baten sie einzutreten. „Mit deiner gelben Kutte erinnerst du an unsere Novizen," lachten sie und die kleine Sensenfrau reichte einem jeden wohlerzogen die Hand. „Vater wäre stolz auf mich," dachte sie noch ob ihrer Höflichkeit.

Die Mönche brachten ihr jedenfalls bei, meisterlich mit der Sense herumzuwirbeln, sie hochzuwerfen und aufzufangen, bald schon konnte sich niemand mehr mit ihr messen. Und wozu auch!

Die kleine Sensenfrau zog weiter, sie streifte Tag und Nacht durch die Lande, bis sie eines Morgens zu einer weiteren Stadt kam. Trübstrü hieß die, aber viel zu sehen war davon nicht. Alles lag unter einer dichten Rauch- und Dunstwolke begraben ... die Häuser, die Dach- und Baumspitzen, die Straßenzüge und Fensterläden. Dicke Schlote bliesen noch mehr Rauch in die Luft, die Menschen husteten und litten. Smog nannten sie es und die kleine Sensenfrau erschauderte.

„Das ist doch kein Leben!"

Sie stellte sich vor die Stadt, nahm ihre Sense und begann sie zu drehen, immer weiter und schneller, kreiseln und zirkeln und wirbeln, wie ein gewaltiger Rotor (vergleichbar mit zehn Millionen Hubschraubern!) setzte sie etwas Gewaltiges in Gang. Ein Sturm kam auf und der blies und blies und aller Rauch und Staub wurde hinweggefegt und am Ende schien die Sonne und die ersten Menschen, die sich wieder auf die Straße wagten, lachten und jauchzten, übrigens zum ersten Mal in ihrem Leben.

„Ich kann also vieles zum Besseren wenden," dachte sich die kleine Sensenfrau.

Als die kleine Sensenfrau auf ihrem weiteren Weg innehielt, fand sie sich vor einer Kinderschaukel wieder. Ein kleines, blasses und gar krankes Kind saß davor im Gras und weinte bitterlich.

Sie sah sogleich, einer der metallenen Träger (es war eine schöne alte Zirkusschaukel) war durchgerostet, die Konstruktion hatte schon bessere Tage gesehen. „Weine nicht," sagte sie zu dem Kind, „ich werde mich um alles kümmern."

Das Kind besah sie staunend, ließ aber das Weinen und wischte sich sorgfältig die Augen aus. Unterdessen lief die kleine Sensenfrau emsig umher, sammelte grünes Moos, allerlei Federn und trockenes Laub, sogar etwas Watte fand sich. Und reifer Löwenzahn. Und weiche Spinnweben. Schließlich bettete sie alles sorgfältig auf das Sensenblatt, nahm die alten Stoffreste aus ihrer Tasche (die sie schon eine Ewigkeit mit sich herumtrug) und umwickelte alles,

ganz vorsichtig. Bequem und gefahrlos konnte man fortan auf der Sense Platz nehmen.

Sie kletterte behände auf eine der Schaukelstangen, ließ ihre Sense herab und flüsterte: „Komm, setz dich, ich schaukele dich so hoch du magst!" Und das Kind stieg auf und die kleine Sensenfrau wippte ihre Sense, vor und zurück, vor und zurück, beide lachten und hatten gemeinsam viel Spaß. Noch lange hörte man sie jauchzen.

Später saß die kleine Sensenfrau allein im Gras. Ihr gelbes Sommerkleid glänzte in der Sonne, jetzt wo sie erwachsen war, reichte es ihr nicht einmal mehr bis zu den Knien.

Das Kind war inzwischen fort.

Alles nahm seinen Lauf.

Daran war nicht zu rütteln.

Die kleine Sensenfrau beobachtete einen Raben, dieser zog hoch über ihr seine Kreise, bis er sich irgendwann neben ihr niederließ. Schließlich hieß es, dass für jeden Toten ein Rabe zur Welt kam, um über dessen Andenken zu wachen.

Der Rabe krächzte.

Die kleine Sensenfrau lächelte.

Sie zogen fortan gemeinsam weiter.

rei rei rei

ARNE RAUTENBERG

hoppe hoppe rei rei rei
wenn er fällt dann ter ter ter
fällt er in den gra gra gra
fressen ihn die ben ben ben
fällt er in den su su su
macht der reiter mpf mpf mpf

nachtaktiv

ARNE RAUTENBERG

nach
nem
fiesen
regen
sturm
dreht
sich
frech
der
regen
wurm
ringelt
sich
zur
erde
raus
wird
zum
schmaus
der
fleder
maus

Fällt dir ein Gedicht ein, das die Form eines Hauses hat?

oder einer Schnur?

oder eines Planeten?

25

Die Grandiose Muckipille

MARTIN EBBERTZ

Von den unbekannten Planeten aller unentdeckten Sonnensysteme ist Melona am weitesten von der Erde entfernt. Dort hat sich Folgendes ereignet:

Die Bewohner von Melona waren sehr klug und sehr schön, und noch dazu waren sie die erfolgreichsten Sportler des Universums. Weitsprung, Laufen, Kugelstoßen, Gewichtheben … was auch immer, die Besten jeder Disziplin waren in Melona zu Hause.

Da sie aber alle gleich gut waren und alle gleich hart trainierten, wurden die Sportwettkämpfe in Melona mit der Zeit ziemlich langweilig. Es gab nämlich keine Sieger mehr. Alle Läufer liefen in derselben Sekunde ins Ziel, alle Kugelstoßer warfen die Kugeln gleich weit, alle Brustschwimmer schwammen gleich schnell, alle Gewichtheber stemmten dieselben Gewichte hoch, und wenn etwa tausend Radfahrer ein Rennen fuhren, gab es tausendmal den ersten Platz. (Die Straßen sind in Melona sehr breit.)

Eines Tages aber erfand ein Wissenschaftler die Grandiose Muckipille – das war eine Pille, die jeden, der sie schluckte, stärker und schneller machte. Der Wissenschaftler ging zu einem Kugelstoßer und sagte: „Wenn du die Grandiose Muckipille schluckst, wirst du besser als alle anderen."

„Ist das nicht Betrug?", fragte der Kugelstoßer.

Der Wissenschaftler grummelte erst etwas Unverständliches vor sich hin, dann sagte er: „Das merkt doch niemand. Übrigens, die Grandiose Muckipille schmeckt nach Erdbeeren."

Der Kugelstoßer leckte sich mit der Zunge über die Lippen, denn Erdbeeren aß er für sein Leben gern. Aber wie alle Bewohner von Melona war er nicht nur sehr schön, sondern auch sehr klug und

fragte: „Hat die Grandiose Muckipille denn keine unangenehmen Nebenwirkungen?"

„Ein paar", gab der Wissenschaftler zu. „Mit der Zeit kriegt man grüne Pickel und wird hässlich und dumm. Doch einem Sieger macht das nichts aus!"

Der Kugelstoßer zögerte kurz, aber weil er so gerne der einzige Sieger sein wollte, steckte er sich die Grandiose Muckipille trotz aller Bedenken in den Mund und schluckte sie herunter. Sie hatte wirklich Erdbeergeschmack (allerdings sehr süß und ein bisschen künstlich).

Beim nächsten großen Sportwettkampf stieß der Kugelstoßer die Kugel weiter als alle anderen und gewann als Einziger die vergoldete Honigmelone – das ist der erste Preis für Sportler in Melona.

Auch ein Läufer schluckte die Grandiose Muckipille und rannte allen davon. Ein Weitspringer schluckte sie und sprang zwei Meter weiter als die anderen Weitspringer. Sagenhaft! Ein Schwimmer schluckte sie und gewann acht Honigmelonen und schwamm so schnell wie noch niemand zuvor. Melonarekord! Ein Radfahrer schluckte die Muckipille und raste als Erster ins Ziel. Absolute Spitze!

Natürlich machten sich die übrigen Sportler Gedanken darüber, warum ein paar von ihnen plötzlich so viel besser waren als der Rest. Und irgendwie erfuhren sie das Geheimnis.

„Das macht die Grandiose Muckipille", wisperte eine Turnerin.

„Ist das nicht Betrug?", tuschelte ein Kanute.

„Ach was", flüsterte ein Gewichtheber. „Das machen doch alle!"

Bald machten es wirklich alle. Die Sportler von Melona wollten alle die Grandiose Muckipille haben. Der Wissenschaftler gab sie ihnen. Die Sportler schluckten sie.

Seitdem erkannte man die Sportwettkämpfe von Melona schon von Weitem an ihrem süßlichen Erdbeerduft. Auch die Sportler von Melona erkannte man sofort: Sie hatten grüne Pickel und waren hässlich und dumm.

Sonst war eigentlich alles wieder wie früher. Es gab keine Sieger. Die Läufer waren schneller denn je, aber sie liefen alle in derselben

Sekunde ins Ziel, die Kugelstoßer warfen die Kugeln weiter als früher, aber sie warfen sie alle gleich weit, die Brustschwimmer schwammen gleich schnell, die Gewichtheber stemmten dieselben Gewichte hoch, und bei den Radfahrern gab es tausendmal den ersten Platz.

So war das.

Aber vielleicht fällt dem Wissenschaftler ja bald wieder etwas Neues ein.

das schönste zimmer in meinem kopf

ANDREA KARIMÉ

wenn ich in den himmel schau
in die luft, auf mein blatt
oder in die nacht, geht die tür
zum schönsten zimmer in meinem kopf

da wohnt meine freundin
giraffe mit ihr mach ich alles
lümmeln, tümmeln, bären binden
wundern, wagen, wege finden

„guten morgen" sagt die giraffe
im schönsten zimmer in meinem kopf
und „muschkilusch kuckulukusch
komm aus dem bett huschhuschdihusch

zur siebenkönigin fliegen wir
und zu ihren puddingblumen
wir brauchen neue geschichten
für mich und meine giraffennichten"

die siebenkönigin regiert im schönsten
zimmer in meinem kopf sie spricht
alle sprachen der welt, vom all
auch jene, die es nirgends gibt

rababisch und barbarisch
förtünesisch, die sprache des glücks
lüttmischki ist mein lieblingswort
knihittschki ist mein lieblingsort

(mich versteht sie, ganz nebenbei
ich sie nicht, ach, einerlei
die giraffe ist mein übersetzungsapparat
im schönsten zimmer in meinem kopf)

ach, los geht der glückliche giraffenflug
ich auf dem giraffenrücken
im schönsten zimmer in meinem kopf
„festhalten", sagt sie, „an meinem zopf!"

wellkamm sagt die siebenkönigin
sie ist wie ein feines reh
und steht in mondgelben
puddingblumen

in einem mantel, der
zwitschert und schwingt
„das ist ihr wörtermantel"
sagt die giraffe und springt

schon hören wir das
lied der siebenkönigin
im schönsten zimmer
in meinem kopf

nehmt euch wörter
nehmt euch mehr
wörter wörter
himmelörter
puddingblumen,
bitte sehr

Ein Zwischenfall beim Ringkampf
Luckenwalde – Tennenbronn

MARTIN EBBERTZ

Ein sonderbarer Zwischenfall überschattete den großen Ringkampf Luckenwalde gegen Tennenbronn. Es ging los wie immer. Auf zwei Holzbänken saßen die Mannschaften, schön voneinander getrennt. Die große runde gelbe Matte mit dem roten Rand lag ausgebreitet in der Halle, das gespannte Publikum freute sich auf einen fairen Kampf. Auf der Matte links stand aus Luckenwalde ein Ringer in blauem Trikot und rechts in Rot ein Ringer aus Tennenbronn.

Der Kampfrichter trug einen weißen Anzug, zeigte den beiden vorerst nur den Rücken und schaute zum Punktrichter.

Ging es denn niemals los?

Die Ringer hüpften nervös auf der Stelle.

Endlich wendete sich der Kampfrichter ihnen zu.

Die Ringer standen jetzt angespannt nach vorne gebeugt, die Arme auf die Oberschenkel gestützt. Kurz sahen sie einander in die Augen.

Begann endlich der Kampf?

Der Kampfrichter hob den Arm, es ertönte der Pfiff.

Die Ringer fassten einander an den Schultern.

Aber war das schon ernst?

Eine Weile konnte man glauben, es würde nichts geschehen. Sie drehten sich im Kreis, mal langte hier ein wenig der rote nach dem blauen, mal dort ein wenig der blaue nach dem roten Ringer. Dann hielten sie einander an den Armen und standen fast bewegungslos da.

Aus dem Publikum war ein leises Murren zu hören.

Da plötzlich ging es zur Sache: Der Ringer aus Tennenbronn griff mit dem rechten Arm unter die linke Achsel des Ringers aus Lucken-walde, dieser hebelte sein rechtes Bein unter das feindliche Knie,

32

das linke Bein des Ringers aus Tennenbronn umklammerte derweil das rechte Bein des Ringers aus Luckenwalde, dieses wiederum versuchte sich mit einer Drehbewegung zu lösen und kreuzte den rechten Oberarm des Ringers aus Tennenbronn. Nun kugelten sich beide Ringer kurz umeinander, wobei das linke Bein des Ringers aus Luckenwalde schräg über das rechte Bein des Ringers aus Tennenbronn rutschte.

Der Kampfrichter ahnte das kommende Unheil und schrie und pfiff und winkte mit den Armen.

Aber zu spät! Beim Versuch sich zu lösen, zog der Ringer aus Tennenbronn das kürzere Ende des freiliegenden Armes so in die Gegenrichtung des umklammerten Beines des Ringers aus Lucken- walde, dass ein unterlegener Teil des Oberschenkels ein kleines Stück weit über die Schultern ragte und sich dabei versehentlich mit dem freistehenden rechten Unterarm des Gegners verheddert. Das führte zu einer Überkreuzfädelung mehrerer Gliedmaßen, an deren Ende ein Unterschenkel und ein Handgelenk unbekannter Herkunft sich ineinander verhakten.

Zugleich aber kurvte das linke Bein des einen Ringers (vermutlich aus Tennenwalde) sich diagonal überlappend in verwirrenden Win- dungen am hinteren Hüftbereich des Ringers aus Luckenbronn entlang und den bereits ineinander verschränkten Körperteilen ent- gegen, sodass alles zusammen einen nicht mehr aufzulösenden Knoten ergab.

Der Kampfrichter pfiff und schrie und versuchte die Ringer voneinander zu trennen. Aber vergeblich, denn dabei verheddert auch er sich zwischen den klammernden Kämpfern, sodass der Punktrichter zu Hilfe eilen musste und später die weiteren Ringer der Mannschaften aus Luckenwalde und Tennenbronn. Das machte die Sache nur noch schlimmer, denn zum Schluss waren ein rundes Dutzend Ringer und Richter miteinander verknotet.

Erst der Hausmeister der Sporthalle hatte die rettende Idee. Mit einem dicken Schlauch spritzte er einen starken Strahl eiskaltes Wasser in das Knäuel. Da fielen alle auseinander und lagen verstreut auf der Matte.

Und was sagte der Kampfrichter dazu?

Die Richter und die Ringer standen auf. Der Kampfrichter hielt mit der linken Hand die rechte Hand des Ringers aus Luckenwalde, mit der rechten Hand die linke Hand des Ringers aus Tennenbronn. Dann schüttelte er sich das Wasser aus den Haaren und der Kleidung, dachte kurz nach, schaute den Punktrichter an, hob beide Arme hoch und rief: „Unentschieden."

34

die kuh die hat das glück geklaut

ARNE RAUTENBERG

die kuh die hat das glück geklaut
glück geklaut
glück geklaut
weil sie andauernd glücksklee kaut
glücksklee kaut

sie kaut das erste glückskleeblatt
glückskleeblatt
glückskleeblatt
sie kaut das zweite glückskleeblatt
glückskleeblatt

sie kaut das dritte glückskleeblatt
glückskleeblatt
glückskleeblatt
sie kaut das vierte glückskleeblatt
glückskleeblatt

und wiederkäuen heißt ja bloß
heißt ja bloß
heißt ja bloß
das kauen geht von vorne los
vorne
los

Der Zaubergarten

SUSANNE GLANZNER

Maja lächelte im Schlaf, denn der Duft von frischem Käsekuchen schlich sich in ihren Traum und lockte sie zurück in ihr weiches Bett.

Sie schlug die Augen auf und streckte Arme und Beine lächelnd der Sonne entgegen, die durch das kleine Dachfenster auf ihre Nase schien.

Sommerferien bei Oma waren das Größte für Maja.

Sie liebte das kleine Fachwerkhaus am Rand des Waldes, in dem alles knarzte und lebte, als hätte jedes Ding eine Seele.

Hier duftete es überall nach Blumen, Kräutern, Wiesen und Wäldern... oder eben nach Käsekuchen. Dem besten Käsekuchen der Welt.

Maja rollte sich aus dem Bett und schüttelte die weichen Daunenkissen auf, bevor sie barfuß die schmale Holztreppe nach unten zu ihrer Großmutter in die Küche lief.

„Guten Morgen, Omi!" rief sie.

„Guten Morgen, Regenwürmchen! Du bist aber früh auf den Beinen. Hast du gut geschlafen?" antwortete Oma und gab Maja einen schmatzenden Kuss auf die Stirn, während sie sich die Hände an einem Küchentuch abtrocknete.

„Ich habe herrlich geschlafen. Der Käsekuchenduft hat mich geweckt."

„Nun, wie wäre es dann mit einem Stück davon zum Frühstück?"

„Das wäre super. Was machen wir heute?"

Während Oma einen ihrer Porzellanteller, mit den bunten Blümchen am Rand, vor Maja platzierte und ein riesiges Stück noch dampfenden Käsekuchen darauflegte, begann sie, ihrer Enkelin zu erzählen, was sie heute vorhatte. Maja staunte immer aufs Neue,

wie rüstig und geschäftig die alte Dame noch war und nahm sich vor, im Alter genauso zu sein wie ihre Oma.

„Gegen Mittag würde ich dann auf ein oder zwei Ründchen Rommé hinüber zu Tante Klara gehen, doch ich nehme an, du möchtest nicht mitkommen?", fragte Oma in Majas Gedanken hinein und zwinkerte ihr zu, denn sie kannte die Antwort bereits.

Maja mochte Tante Klara, aber sie fand sie auch ziemlich anstrengend.

Außerdem langweilte sie sich, wenn die beiden alten Damen Rommé spielten, denn sie konnte sich die Regeln einfach nicht merken und würde ohnehin nur als Zuschauerin daneben sitzen.

„Neeeeee, lieber nicht. Wenn ich darf, bleibe ich hier und lege mich mit meinem neuen Buch in die Hängematte."

„Natürlich darfst du, Regenwürmchen."

Maja grinste. Ihre Freundinnen fragten sie dann und wann, warum ihre Oma sie so nannte und ob Maja das nicht irgendwie eklig fände.

Tatsächlich waren Regenwürmer aber Omas Lieblingstiere, weshalb Maja ihren Kosenamen als großes Kompliment empfand.

„Regenwürmer", sagte Oma immer, „sind doch das Tollste, das es gibt auf der Welt. Sie lockern für uns den Boden, so dass wir säen und ernten können, machen keinen Dreck und keinen Krawall, beißen und stechen nicht... es sind einfach herrliche Tierchen. Und schlau sind die, das sage ich euch. Die wissen genau, was sie tun."

Maja liebte Omas besondere Sicht auf die Dinge. Eigentlich war es das, was Maja am meisten an ihr liebte. Oma betrachtete alles ganz genau und von allen Seiten. Sie interessierte sich zunächst nie für bereits bestehende Meinungen. Sie wollte sich immer ihre eigene bilden. Und sie wollte sich, wie sie zu sagen pflegte, dafür so viel Zeit lassen, wie die Sache, um die es ging, verdient hätte.

Manchmal waren das nur Sekunden, manchmal Monate.

Doch genau diese Eigenschaft machte Oma zu dem besonderen Menschen, der sie war. Oma beurteilte nicht und sie verurteilte nicht. Sie sagte ihre Meinung zu Dingen, wenn sie gefragt wurde

(und das wurde sie meistens), doch wenn nicht, dann schwieg sie. Außer sie fand etwas ungerecht. Das konnte sie nicht leiden.

Doch ansonsten ließ Oma jeden sein wie er war, solange er freundlich war.

Deshalb war es Oma auch nie langweilig. Eigentlich hatte sie immer Besuch, kramte im Haus umher oder werkelte in ihrem Garten. Ihrem, wie sie ihn nannte, „Zaubergarten".

Und exakt so sah er aus: Wie ein perfekter Zaubergarten.

Zu jeder Jahreszeit hatte er seine ganz eigene Schönheit und es gab in diesem Garten nichts, was es nicht gab: Von Obstbäumen, über Beerensträucher, Kräuter, Gemüsepflanzen, einer riesigen Trauerweide unter der man sich verstecken konnte, einem kleinen Teich mit Fröschen und Fischen, bis hin zu Majas ganzem Stolz: Einem kleinen kunterbunten aber ziemlich gut versteckten Baumhäuschen, in dem sie sich immer verkroch, wenn sie nicht gefunden werden wollte.

Natürlich wusste Oma immer wo sie war. Doch es war wie eine stille Übereinkunft zwischen ihnen, dass Maja nicht gefunden werden wollte, wenn sie im Baumhaus war. Es war ihr kleiner Raum, auf den starken Ästen einer knorrigen, uralten Eiche, den sie nur für sich hatte. Die Blätterkrone des mächtigen Baumes verdeckte das Häuschen fast komplett und wenn Maja die Strickleiter hochzog, konnte sie den Rest der Welt einfach aussperren. Ihr Baumhaus hatte sogar eine winzige Terrasse, über die eine Hängematte gespannt war, in die Maja gerade noch so hineinpasste.

So lag sie also auch an diesem herrlich sonnigen Ferientag in ihrer Hängematte, mit einem dicken Buch und einer riesigen Schüssel tiefroter, knackiger Kirschen und spuckte beim Lesen Kirschkerne vom Baum hinunter in den Garten.

So still und friedlich war es hier, dass Maja ganz schläfrig wurde. Irgendwann fielen ihr die Augen zu und das Buch aus der Hand.

„Haaatschiiiii!" Ihr eigenes lautes Niesen riss sie aus ihrem Traum. Schlaftrunken rieb sie sich die Augen und als sie sie öffnete, rieb sie sie ein zweites und drittes Mal.

Was war nur los? Sie konnte gar nicht richtig scharf sehen, denn vor ihrer Nase schillerte und glitzerte die Luft, sodass sie um sich herum alles merkwürdig verschwommen wahrnahm.

Auch mit ihren Ohren schien irgendwas nicht zu stimmen.

Sie schüttelte den Kopf, um dieses seltsame Geräusch loszuwerden. Ein Geräusch, als ob ganz weit weg eine Menge winziger Glöckchen klingelten. Maja schüttelte den Kopf ein zweites und drittes Mal und rieb sich weiter die Augen. Was war nur los?

Hinter sich hörte sie ein leises Kichern.

„Was gibt es denn da zu lachen, bitte?", entfuhr es ihr und im selben Moment schüttelte sie erneut den Kopf, denn ihr wurde klar, dass sie sich das wohl eingebildet haben musste. Es war unmöglich, dass außer ihr sonst noch jemand im Baumhaus saß.

Deshalb hielt sie die Luft an, als sie ein glockenhelles leises Stimmchen flüstern hörte: „Kopf schütteln und Augen reiben wird nicht helfen. Du solltest lieber hinsehen. Und, mit Verlaub, vielleicht ein bisschen genauer als sonst."

Majas Herz schlug bis zum Hals.

Hatte sie sich das auch eingebildet? Das war doch nicht möglich...

Halb zu sich selbst und halb zu der Stimme, von der sie noch immer nicht sicher war, ob sie sie tatsächlich gehört hatte, antwortete sie: „Wohin sollte ich denn wohl sehen? Genauer als sonst...?" Sie blinzelte.

„Wohin du willst. Sieh dich nur um." Das glockenhelle Stimmchen kicherte.

Maja hatte keine Ahnung, was da vor sich ging, aber sie hatte Omas Stimme im Kopf, die in solchen Momenten zu sagen pflegte:

„Wenn du nicht weißt, was du in einer bestimmten Situation tun sollst, dann tu am besten das, worauf du vorher im Leben nicht gekommen wärst."

Maja hatte nie ganz verstanden, was Oma damit meinte, doch gerade jetzt in diesem Augenblick beschloss sie, genau das zu tun.

Sie hörte auf, sich die Augen zu reiben und sah sich um. Sie sah ganz genau hin.

Omas Käsekuchenrezept

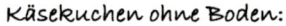

Käsekuchen ohne Boden:

Zeit: ungefähr zweieinhalb Stunden

Rezept reicht für eine 22 cm große Springform

und für 12 Personen/Getümer

Ein Stück birgt ungefährx 350 kcal

Omas Grundrezept kann gut abgewandelt werden: zum Beispiel mit Früchten.

Zutaten:

200g Butter

250 g Zucker

etwas Vanilleschote

1 Pck. Vanillezucker

Abrieb einer halben Zitrone

6 Eier

ca. 1 kg Quark

100 g Gries

1 TL Backpulver

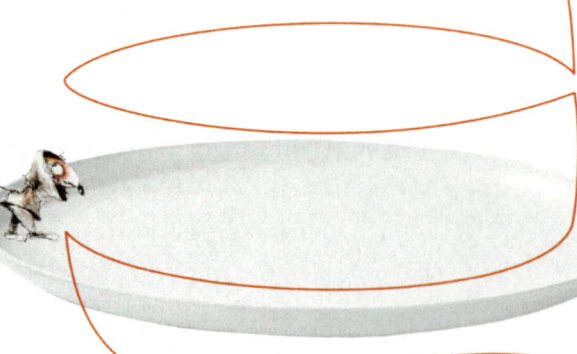

so geht's:

Butter, Zucker, Vanillezucker und Vanilleschote, Zitronenabrieb mischen

Eier paarweise nacheinander dazugeben

Quark unterrühren

Gries mit Backpulver mischen und zur Quarkmasse geben

Springform mit Backpapier auslegen und Rand gut einfetten

bei 170 Grad Ober-/Unterhitze ca. 60 min. backen

Am besten im Ofen mindestens 1 Stunde auskühlen lassen

Schmeckt warm heute gut und gut durchgekühlt am nächsten Tag

Tipp:

Wenn ein Boden dazu soll, dann ist ein No-Bake-Keks-Boden zu empfehlen.

Direkt vor ihren Augen flimmerte und schillerte es, als wäre die Luft voll von glitzerndem Staub. Moment... die Luft *war* voll von glitzerndem Staub.

Maja sah auf ihre Hände, ihre Beine und ihre langen Haare. Überall hatte sich der herrlich schimmernde Staub abgesetzt.

Erst jetzt sah sie sich richtig um. Die Blätter der dicken Eiche glitzerten in der Sonne, als hätte man sie mit Gold und Silber bestäubt und ihr Baumhaus sah irgendwie... noch bunter aus als sonst.

„Na?" Maja erschrak, denn sie vernahm die glockenhelle Stimme genau neben ihrem rechten Ohr. „Wie gefällt dir, was du siehst, wenn du genau hinsiehst?"

Majas Kopf schnellte nach rechts, doch sie konnte überall nur schillernden Staub sehen. Etwas verärgert fragte sie: „Wer bist du und vor allem: wo bist du?"

Wieder kicherte die glockenhelle Stimme und antwortete: „Streck mal deine Hand aus!"

Maja tat, was die Stimme sagte. Sie streckte ihren Arm weit von sich und öffnete ihre Hand. Plötzlich sammelte sich all der Staub in der Luft an einem Punkt über ihrer Hand und formte sich zu einer pulsierenden Kugel.

Es kitzelte in Majas Handfläche, als die Glitzerstaubkugel sich darauf niederließ und sie riss Augen und Mund auf, als sich aus der Staubkugel ein kleines Wesen herausschälte. Es war ein winziges Fräulein.

Ein anderes Wort fiel Maja zu diesem zierlichen Wesen nicht ein.

Ein winziges Fräulein, mit langen, etwas zerzausten silbernen Haaren, die zu einem schlampigen Zopf gebunden waren. Sie trug eine violette Latzhose, die aussah, als sei sie aus Blütenblättern gefertigt. Ihre Arme und Beine waren so zierlich, dass Maja es nicht wagte, die Hand zu bewegen, aus Angst, sie könnte ihr etwas brechen. Und Flügel hatte sie. Wunderschöne, im Verhältnis zu ihrem Körper riesige, schillernde Flügel, mit denen sie gerade den letzten Glitzerstaub von ihrer Hose wedelte. Außerdem hatte sie

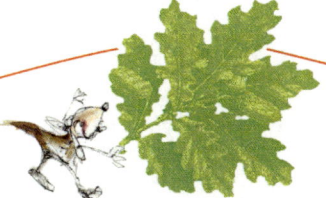

eine winzige silberne Brille auf der winzigen Nase, die sie jetzt abnahm und ebenfalls vom Staub befreite.

Maja saß da wie versteinert und als das kleine Fräulein die Brille wieder aufsetzte, sie anstrahlte und mit seinem glockenhellen Stimmchen „Hallo!" rief, bemerkte Maja, dass sie selbst zwar den Mund bewegte, aber kein Laut herauskam. Das kleine Fräulein rieb sich die winzigen Ohren als sie bemerkte: „Hast du was gesagt? Ich kann dich nicht verstehen."

„Äh...also ich...äh..." Maja stotterte.

Das winzige Fräulein kicherte. „Wie ulkig. Deine Oma hat damals genauso reagiert. Da dachte ich zuerst auch, sie kann gar nicht sprechen. Hat sich aber schnell gelegt."

Majas Augen wurden noch größer. „Meine Oma?", platzte sie heraus und das kleine Fräulein nickte, während es sich weiter Glitzerstaub aus den Haaren klopfte. „Sie dürfte etwa so alt gewesen sein, wie du jetzt, als ich sie das erste Mal getroffen habe. Und sie war ähnlich sprachlos. Und hat gestottert."

„Aber", begann Maja, „wie alt bist du denn?"

„Oh, ich bin noch eine Jung-Fee. Leider. Ich bin erst Einhundertsechsundfünfzig. Und darf noch fast gar nichts." Sie seufzte.

„Einhundertsechsundfünfzig?" Maja hielt die Luft an und das Fräulein nickte erneut.

„Ja. Leider. Aber immerhin darf ich mittlerweile beim Färben und Bestäuben helfen. Besser als nichts. Sie sagen nur, ich arbeite noch zu schlampig. Und bevor ich nicht genauer werde, darf ich nicht an die großen Pflanzen."

Maja runzelte die Stirn. „Ich kapiere gar nix."

„Ja, das habe ich schon bemerkt. Sonst würdest du nicht immer wie ein Esel zum Baumhaus stapfen, ohne darauf zu achten wohin du trittst."

Majas Stirnfalten wurden noch tiefer, als sie antwortete: „Jetzt werde mal nicht frech! Ich stapfe gar nicht wie ein Esel."

Das Fräulein seufzte erneut. „Doch. Aus der Sicht der kleinen Leute schon. Wenn du Lust hast, zeige ich dir die andere Seite des Gartens, dann verstehst du, was ich meine."

„Welche andere Seite? Ich kenne alle Seiten dieses Gartens." Maja begann, sich über das kleine Fräulein zu ärgern.

„Wetten nicht?", fragte das Fräulein nun und zwinkerte Maja zu. „Komm, lass die Strickleiter runter! Aber pass unten auf, wohin du trittst! Und vorher mach die Augen zu. Beim ersten Mal helfe ich ein bisschen nach mit Feenstaub auf deinen Augenlidern. Dann ist es leichter."

Maja war überhaupt nicht wohl bei dem Ganzen, doch sie tat, was das kleine Fräulein verlangte und schloss die Augen. Es kitzelte auf ihren Augenlidern und an ihren Wimpern und während sie versuchte stillzuhalten fragte Maja: „Wie heißt du eigentlich?"

„Melissa. Einfach Melissa. Ich habe noch vierzehn andere Namen, aber die kannst du wahrscheinlich weder aussprechen noch dir merken, deshalb reicht Melissa. So. Fertig. Augen auf!"

Maja tat, was Melissa ihr auftrug und wusste im ersten Moment nicht wie ihr geschah. Sie sah sich um und vor Staunen stand ihr Mund offen. Es schien, als war Omas Zaubergarten noch schöner, bunter und strahlender, als sie ihn je wahrgenommen hatte. Überall glitzerte und flimmerte es und es duftete herrlich, doch Maja konnte diesen Duft nicht zuordnen. Sie war sich sicher, noch nie etwas Besseres gerochen zu haben. Eine dicke Hummel flog an ihr vorbei und Maja hätte schwören können, sie hatte ein kleines Eimerchen zwischen den Fühlern. Doch Maja konnte ihr nicht hinterhersehen, denn sie war schon wieder abgelenkt von zwei Schmetterlingen, die eine wunderschöne kleine Blume mit komplettem Wurzelwerk an einem feinen, durchscheinenden Seil zwischen sich trugen und augenscheinlich ziemliche Mühe damit hatten. Melissa spannte ihre Flügel und flatterte sofort los, um den beiden zu helfen und mit ihnen und der Blume sicher zu landen. Das wollte sich Maja nicht entgehen lassen und warf endlich ihre Strickleiter aus. In Windeseile kletterte sie nach unten und Melissas Worte hallten in ihrem Kopf wider: „Pass unten auf wohin du trittst!"

Maja setzte behutsam einen Fuß vor den anderen und traute dabei ihren Augen kaum. Der Garten war so voller Leben, wie Maja ihn noch nie wahrgenommen hatte. Überall summte und brummte es, alle Lebewesen, die Maja schon kannte, aber nie so genau beobachtet hatte, schienen geschäftig hin und her zu fliegen, zu kriechen und zu hüpfen. Jedes Tierchen hatte etwas dabei, das es von einem Ort zum anderen transportierte. Wie die beiden Schmetterlinge, die das herrliche Blümchen mit Melissas Hilfe zu einem kleinen Moosteppich brachten.

Maja setzte sich in die Hocke und beobachtete erstaunt das geschäftige Treiben auf allen Seiten. Was gab es nicht alles zu sehen: Neben all den Insekten, die fleißig um Maja herumwuselten, entdeckte sie noch ganz andere Gartenbewohner. Melissa war nämlich bei Weitem nicht die einzige Fee in Omas Zaubergarten. Bei genauerem Hinsehen, entdeckte Maja an fast jedem Blütenkelch eine solch winzige Gestalt. Sie färbten mit großen Pinseln Blüten ein, pusteten die Farbe von den grünen Blättern oder dirigierten Bienen und

Hummeln zu den Blüten, die schon ganz schwer vor lauter Pollen und Nektar waren, damit diese sie davon befreiten.

Nicht weit entfernt von Melissa und den Schmetterlingen stand eine Fee, die sehr ernst auf einem Eichenblatt Notizen machte. Sie wies Melissa und die Schmetterlinge an, das kleine Pflänzchen etwas weiter links abzulegen. Maja staunte. Denn plötzlich bewegte sich die Erde, da wo eben noch die kleine Blume lag und zu Majas Überraschung kamen zwei Regenwürmer zum Vorschein. Sie lockerten in Windeseile die Erde und gruben ein Loch, das genau groß genug war, dass Melissa die Wurzeln des Blümchens hineinstellen konnte. Und genauso schnell schütteten die Regenwürmer das kleine Loch mit der gelockerten Erde wieder zu, so dass das kleine Pflänzchen genug Halt hatte.

Jetzt wurde Maja einiges klar.

Warum Omas Lieblingstiere Regenwürmer waren, zum Beispiel.

Und warum Oma sich im Garten so vorsichtig bewegte.

„Regenwürmchen!", hörte Maja Oma plötzlich rufen. „Wo steckst du denn?"

Maja erschrak. War es schon so spät, dass Oma bereits zurück war vom Rommé mit Tante Klara?

Als hätte Melissa Majas Gedanken gelesen, kam sie angeflogen und setzte sich auf Majas Knie.

Die kleine Fee putzte erneut ihre Brille und sagte: „Du solltest wohl zurück ins Haus. Sie hat doch immer Hunger, wenn sie von Klara kommt und sie isst nicht gern alleine."

Maja lächelte als sie antwortete: „Du kennst Oma wohl schon wirklich lange."

„Jaaaaaa." Melissa nickte. „Eine Weile."

„Sehen wir uns wieder? Ich habe doch fast noch gar nichts vom Garten gesehen." fragte Maja.

Melissa grinste. „Ich dachte, du kennst jeden Winkel dieses Gartens?"

Majas Ohren wurden ganz heiß, als sie leise sagte: „Ich konnte ja nicht wissen, dass hinter dem Garten noch ein anderer Garten steckt."

45

„Hmm...", die Fee wiegte den Kopf hin und her. „Das stimmt so auch nicht ganz. Der Garten ist immer derselbe. Mit allen, die hier leben. Nur deine Augen nicht. Wenn man es genau nimmt, steckt nicht hinter dem Garten, den du bisher gesehen hast, noch ein Garten, sondern vielmehr steckt hinter den Augen, mit denen du dich bisher umgeschaut hast, noch ein paar Augen. Die sind näher am Herzen, deshalb kannst du damit viel besser sehen." Melissa zwinkerte Maja zu.

Die verstand nicht ganz genau, was die Fee meinte mit dem zweiten Paar Augen, aber sie nahm sich vor, gleich Oma zu fragen. Die konnte ihr das sicher erklären.

Das kleine Fräulein auf Majas Knie riss sie aus ihren Gedanken: „Nun, dann sehen wir uns also morgen!? Es wird bald dunkel und die Glühwürmchen lösen uns ab."

Maja nickte. „Ja. Wir sehen uns morgen. Wie finde ich dich denn? Oder wie kann ich dich rufen?"

Melissa lächelte. „Du musst mich nicht rufen und du findest mich, indem du dich aufmerksam im Garten umsiehst. Du weißt doch jetzt, wie dein zweites Paar Augen funktioniert. Du musst nur darauf achten, dass du mit den Augen nach mir suchst, die näher an deinem Herzen sitzen. Dann ist es ganz leicht."

Maja seufzte und lächelte die kleine Fee an. „Okay. Das schaffe ich. Dann bis morgen."

„Ja, bis morgen. Ich freue mich auf dich, liebe Maja. Dann zeige ich dir die wunderbaren Geheimnisse dieses perfekten Gartens."

Als Maja zum Haus lief, wo Oma bereits auf der Terrasse wartete, war sie erstaunt, wie schnell der Tag vergangen war. Und sie freute sich auf den Abend, denn sie wollte alles wissen über Melissa und das Reich der Feen. Sie nahm sich vor, Oma ganz genau zu fragen, wer im Garten welche Aufgabe hatte.

Währenddessen stand Oma auf der kleinen Terrasse und beobachtete ihre Enkelin, die sehr behutsam auf Zehenspitzen durch den Garten lief, ganz offensichtlich, um nichts zu zertreten.

„Soso…", brummte die alte Dame leise zu vor sich hin und schmunzelte. „Mein kleines Regenwürmchen hat wohl Bekanntschaft mit Melissa gemacht. Das wurde aber auch Zeit."

Lächelnd deckte sie weiter den Tisch fürs Abendessen und freute sich, denn es war schon eine ganze Weile her, als sie das letzte Mal mit jemandem über die Geheimnisse ihres zauberhaft perfekten Zaubergartens plaudern konnte.

Der Wettkampf der Tiere

MARTIN EBBERTZ

Eines Tages beschlossen die Tiere, einen sportlichen Wettkampf auszutragen. Weil aber die vielen Sportarten, die es heute gibt, damals noch nicht erfunden waren, wussten sie nicht genau, wie sie es anstellen sollten.

„Wir brauchen Spielregeln", sagte der Fuchs.

„Wir laufen aufeinander zu und stoßen uns um", schlugen die Büffel vor.

„Wir kämpfen mit unseren Geweihen", sagte der Hirsch.

So hatte jeder einen anderen Vorschlag.

„Lasst uns um die Wette rennen!", riefen die schnellen Gazellen.

„Nein, lieber um die Wette fliegen!", piepste der kleine Spatz.

„Sehr gut", stimmten die Schwalben zu. „Wer am schnellsten fliegt, hat gewonnen!"

„Besser, wir watscheln über das Eis", sagte der Pinguin.

„Oder schwimmen im Meer!", rief der Delfin.

„Wir bräuchten einen Ball", brummte der Bär.

„Den werfen wir uns mit den Händen zu", ergänzten die Affen.

„Nein, mit den Füßen!", forderte das Nilpferd.

So ging es hin und her.

Der Wettkampf der Tiere fand niemals statt. Denn sie konnten sich nicht auf die Spielregeln einigen.

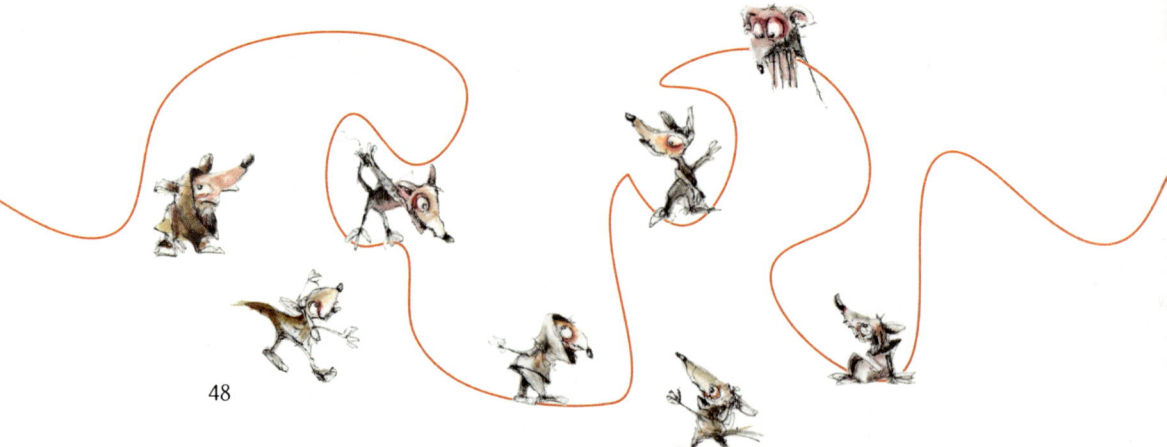

muhfrieden

ARNE RAUTENBERG

muhhause ist da wo die kuh wohnt
wo alle kühe muhsammen lachen
sich muhgeständnisse machen
hörst du mir muh! hör ich dir muh!

muhhauf stehen also die riesen
kauen muhfrieden auf wiesen
nur beim muhbettgehen gibts etwas ruh
da fallen der kuh die augen muh

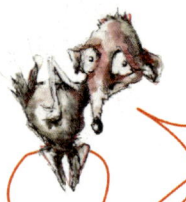

Würfel dir deine eigene Geschichte

Dies ist ein Geschichtenspiel. Du brauchst dazu einen Stift, Papier und einen ganz normalen Würfel. Mit ihm erwürfelst Du Dir die Zutaten zu Deiner Geschichte. Und dann nimmst du dir ein noch ein bisschen Zeit.

1. Würfle, um zu wissen, wer deine Hauptperson ist.

- ⚀ ein Hund
- ⚁ eine Elfe
- ⚂ Zwillinge
- ⚃ ein Kobold
- ⚄ ein schussliger Professor
- ⚅ eine geniale Wissenschaftlerin

2. Würfle, um zu wissen, gegen wen oder was deine Hauptfigur kämpft.

- ⚀ Umweltverschmutzung
- ⚁ dreiköpfiger Drache
- ⚂ eine gemeine Lüge
- ⚃ einen fiesen Zauberer
- ⚄ eine hochnäsige Königin
- ⚅ Räuber

3. Würfle, um zu wissen, wie das Wetter in deiner Geschichte ist.

- ⚀ Sonne, blauer Himmel
- ⚁ Schnee und bitterkalt
- ⚂ der Frühling hat gerade begonnen
- ⚃ es riecht nach Herbst
- ⚄ es blitzt und donnert
- ⚅ Schau einfach zum Fenster raus

4. Würfle, um zu wissen, wo deine Geschichte spielt.

- ⚀ in einer großen Stadt
- ⚁ in einer kleinen Stadt
- ⚂ in einem Dorf
- ⚃ im Wald
- ⚄ auf einer Insel
- ⚅ auf einem anderen Planeten

5. Würfle, um einen besonderen Gegenstand zu erhalten.

- ⚀ einen sprechenden Vogel
- ⚁ einen Zauberstab
- ⚂ eine Schatzkiste
- ⚃ ein spezielles Fernglas
- ⚄ einen Zaubertrank
- ⚅ einen Umhang, um unsichtbar zu werden

6. Und nun die Zeit alles aufzuschreiben.

Gefällt dir deine Geschichte? Lies sie doch einem Freund oder einer Freundin vor. Und wenn du magst, dann schick sie uns:
koordination.kinderleicht@leselenz.com

Welche Farbe hat der Mond?

ANJA TUCKERMANN

Alle kennen Hedel, denn sie trippelt den ganzen Vormittag im Dorf herum, grüßt alle Hühnernachbarn und singt leise vor sich hin. Hühner sprechen viel miteinander. Und sie können sehr gut riechen. „Meine Hedel ist das schönste und klügste Huhn der Welt", sagt Lilo.

Lilo hat Hedel als piepsendes gelbes Küken bekommen. Und nun ist es ein schneeweißes Huhn. „Warum wird aus einem gelben Küken kein gelbes Huhn?", fragt Lilos Bruder.

Lilo antwortet: „Ist doch klar, das Küken wächst im Eigelb. Wenn du in Eigelb entstehen würdest, wärst du auch gelb."

Wenn Hedel an etwas riecht, – schwupps – ändern ihre Federn die Farbe. Aber nur, wenn sie Lust hat. Hedel glitzert rot und blau, wenn sie mit Lilo zusammen ist. In einem Geschäft wirbeln die Farben über ihre Federn, dann ist sie plötzlich gestreift wie Zahnpasta, gelb wie Limonade oder bunt geringelt wie Kinderstümpfe, je nachdem, woran sie riecht.

Hedel ist meistens an Lilos Seite. Das Huhn holt das Mädchen nach der Schule von der Bushaltestelle ab. Spielt Lilo draußen, ist Hedel dabei. Manchmal spielt sie mit.

Im Dorf lebt ein Maler, der malt Bilder so groß wie eine Tür. Alle Leute wissen, dass er schon seit Jahren versucht, die Farbe des aufgehenden Mondes zu malen. Nie ist es ihm gelungen, ihn so leuchtend zu malen, wie er ihn am Himmel sieht. Lilo findet den Maler ein bisschen unheimlich, weil er immer vor sich hin grummelt.

„Kann Hedel mich mal besuchen?", fragt er einmal. Aber Lilo scheucht ihr Huhn schnell weiter. Die Tür zum Atelier steht fast immer offen. Der Maler hält die Leute auf und fragt: „Welche Farbe hat der Himmel?"

Dann gucken alle Leute nach oben. Und wenn sie blau sagen, dann sagt er: „Heute morgen war der Himmel erst grau, dann rosa und orange und dann hellblau. Gestern Abend bei Sonnenuntergang war sogar etwas Grün am Himmel." Und alle Leute gucken wieder nach oben. Ist denn der Himmel wirklich blau? Aber eigentlich wollen sie nur weitergehen und nur wissen, dass der Himmel blau ist. „Und welche Farbe hat die Sonne?", fragt er. Niemand weiß eine Antwort, denn gelb ist die Sonne ja nicht. Ist denn Licht eine Farbe?

Die Leute finden den Maler anstrengend, weil sie keine Antwort wissen.

Einmal spielt Lilo mit den anderen Kindern Versteck. Lilo zählt, alle rennen los. Hedel auch. Lilo ruft: „Hedel! Bleib hier!" Aber Hedel rennt weiter und alle Kinder hinterher. Sie verlieren Hedel aus den Augen.

Beim Haus des Malers schaut Lilo vorsichtig hinein. Kein Huhn zu sehen. Die Kinder schleichen durch die offenstehende Tür.

„Was macht ihr denn hier?" Der Maler steht hinter ihnen.

„Wir suchen mein Huhn", sagt Lilo.

„Bei mir ist kein Huhn. Raus mit euch!"

Aber von draußen hört Lilo den Maler flüstern: „Sei doch still, du dummes Huhn." Denn Hedel singt im Haus nach Hühnerart. Lilo läuft hinein, nimmt sie in die Arme und rennt auf die Straße.

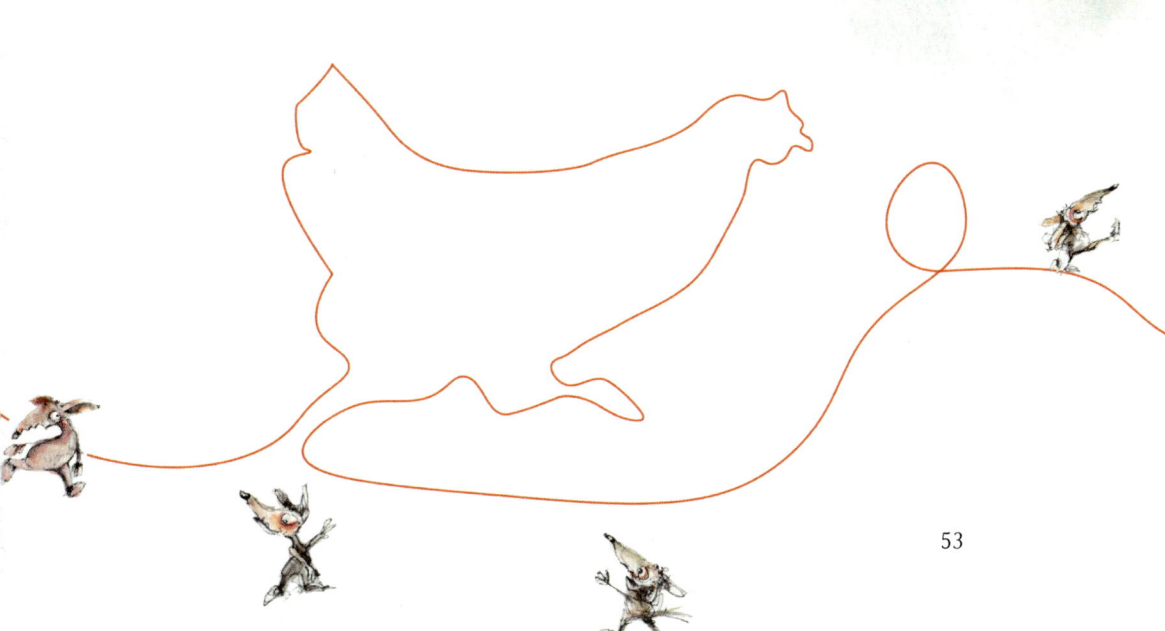

„Bitte, Lilo! Leih mir das Huhn!", ruft der Maler. „Ja, du hast recht! Aber ich dachte, es könnte mir helfen. Heute Nacht ist Vollmond. Wenn dein Huhn nur einmal am Mond riechen würde, könnte ich die richtige Farbe mischen. Darf sie hier bleiben?"

Lilo zögert, dann lässt sie Hedel auf den Boden. Und das Huhn trippelt ins Haus.

Am nächsten Morgen bringt der Maler sie zurück. „Der Mond ist zu weit weg, den kann sie nicht riechen."

Er schenkt Lilo als Entschuldigung ein Mondbild.

Am Abend packt Lilo es aus und stellt es auf das Fensterbrett. Und als sie im Bett liegt, sieht sie draußen den Mond aufgehen. Und Hedel? Sie hat Mondfarbe! Sie hat am Bild gerochen. Zartrot, wie eine reife Aprikose, aber viel leuchtender, genau wie der aufgehende Mond am Himmel. Als wären drei Monde bei Lilo im Zimmer, der am Himmel, der auf dem Bild und die leuchtende Hedel.

Am nächsten Tag läuft sie mit Hedel zum Maler. „Du hast es geschafft", ruft sie durch sein Fenster.

„Was?"

„Der Mond auf dem Bild hat genau die Farbe wie der echte. Ich habe die Monde nebeneinander gesehen, von deinem Bild und am Himmel. Hedel hat an deinem Bild gerochen und wie der echte Mond geleuchtet."

Der Maler lacht. „Habe ich es wirklich geschafft?", fragt er.

„Ja", sagt Lilo. Der Maler macht vor Freude einen Luftsprung. Er lädt sie in sein Haus ein, kocht ihr Kakao und Hedel bekommt auch ein bisschen ab. Lilo besucht ihn von nun an oft. Er gibt ihr manchmal eine kleine Leinwand und Pinsel, dann darf sie auch etwas malen. Hedel riecht überall im Maleratelier an den Ölfarben und Bildern und Lilos Eltern wundern sich, dass Hedels Federn so seidig schimmern.

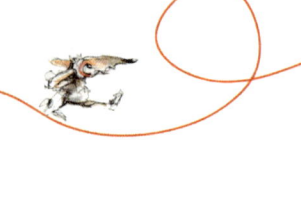

blaue blumen

ARNE RAUTENBERG

d st l
schw rtl l
v rg ssm nn cht
k rnbl m n
r tt rsp rn
l v nd l

l cher n bl n bl m n!
d s st j schn ckl ch!

56

Deine Blaueblumenblütenblätter

sammeln...

pflücken...

fotografieren...

pressen...

drucken...

ausschneiden...

oder zeichnen...

einkleben...

57

Der Sturz

[Auszug aus dem Roman *Grasland*]

MARCUS HAMMERSCHMITT

Timo musste daran denken, was sein Vater gesagt hatte: dass
Getreide einmal Gras gewesen war. Timos Vater, den er „Gabor"
nennen durfte, kannte sich mit so was gut aus. Er war Biologe und
erforschte alle lebenden Dinge. In Wirklichkeit erforschte er Hefe-
pilze, die Timo ziemlich eklig fand, weil sie einerseits als Backhefe
und andererseits als Fußpilz auftauchen konnten. Timo wachte aus
seinen Träumereien auf, als er über einen Maulwurfshaufen stolperte.
Er sah sich um. Das Gras umgab ihn wie ein niedriger Wald. Herr
Meininger, „der Nachbar", wie er bei seinen Eltern nur hieß, hatte
die Wiese zum Frühjahr nicht gemäht, und jetzt „schoss alles ins
Kraut" – ein Ausdruck von Timos Mutter.

Timo stromerte gern in dem Graswald herum. Er musste nur in
die Hocke gehen und war bombensicher versteckt. Aber das wollte
er momentan gar nicht. Er wollte ein bisschen albern sein, durch
den Graswald streifen, und manchmal dabei die Arme ausbreiten,
wie ein Flugzeug im tiefsten Tiefflug, Absturz unmöglich. Die Sonne
schien. Die knorrigen Apfelbäume, die gerade erst geblüht hatten,
standen bis zur Hüfte im Gras. Sie würden im Herbst nicht viele
Äpfel bringen, das hatte sein Vater ihm auch erklärt, weil Herr Meininger sie nie richtig gepflegt hatte und weil sie ohnehin zu alt
waren. Trotzdem würde Timo einige dieser Äpfel im Herbst abstau-
ben, weil Herr Meininger auch mit den wenigen Äpfeln großzügig
war. Timo mochte Herrn Meininger, nicht nur wegen der Äpfel und
der ungemähten Wiese, sondern auch ein bisschen, weil seine Eltern
ihn nicht mochten. Besonders sein Vater nicht.

Timo hatte die beiden einmal belauscht, wie sie über ihn und
Herrn Meininger gesprochen hatten.

„Irgendwie gefällt mir das nicht, dass Timo immer auf dem Grundstück vom Meininger rumhängt", hatte sein Vater gesagt.

Seine Mutter hatte geseufzt. „Timo sucht wohl nach einem Großvater."

„Typisch tütteliger Elternblödsinn", hatte Timo gedacht. Herr Meininger war einfach in Ordnung. Er mähte seine Wiese nicht, verschenkte Äpfel, saß gern in der Sonne und fragte nicht nach der Schule. Sowas konnte Timo gebrauchen.

Aber jetzt, hier im tiefen Gras, dachte er an all das nicht. Sondern er spannte die Arme auf (die Grashalme kitzelten ihn, besonders an den Unterarmen) und er sagte leise: „Ready for lift off." Er rannte los, und das Kitzeln an seinen Armen wurde gleich stärker. Da das Grundstück von Herrn Meininger leicht abschüssig war, nahm Timo ziemlich schnell Geschwindigkeit auf. Das Kitzeln an seinen Armen war fast zu einem Schneiden geworden, vor allem, weil er jetzt die Arme auf und ab bewegte wie ein Vogel. Er schrie vor Spaß und machte eine Mutprobe: Würde er es wagen, für ein paar Schritte die Augen zu schließen, obwohl er schon ziemlich schnell war, und obwohl der kleine, matschige Bach, der Herrn Meiningers Grundstück am Südende begrenzte, nicht mehr weit sein konnte?

Er wagte es. Und stolperte. Und fiel. Überschlug sich, rollte, und blieb liegen, mit dem Gesicht in feuchter, grasiger Erde. Das tat weh an seinem Knie, ziemlich sogar. Hoffentlich blutete er nicht, und hoffentlich war seine Hose nicht zerrissen, sonst würde es Stress geben. Hörte er seine Mutter rufen? Ganz bestimmt, das war dieses helle, hohe Ziehen ihrer Stimme, was ihn sogar an dem matschigen Bach immer erreichte und zum Abendessen zurückrief. Da war es noch einmal. „Ti-mo!" Aber viel leiser.

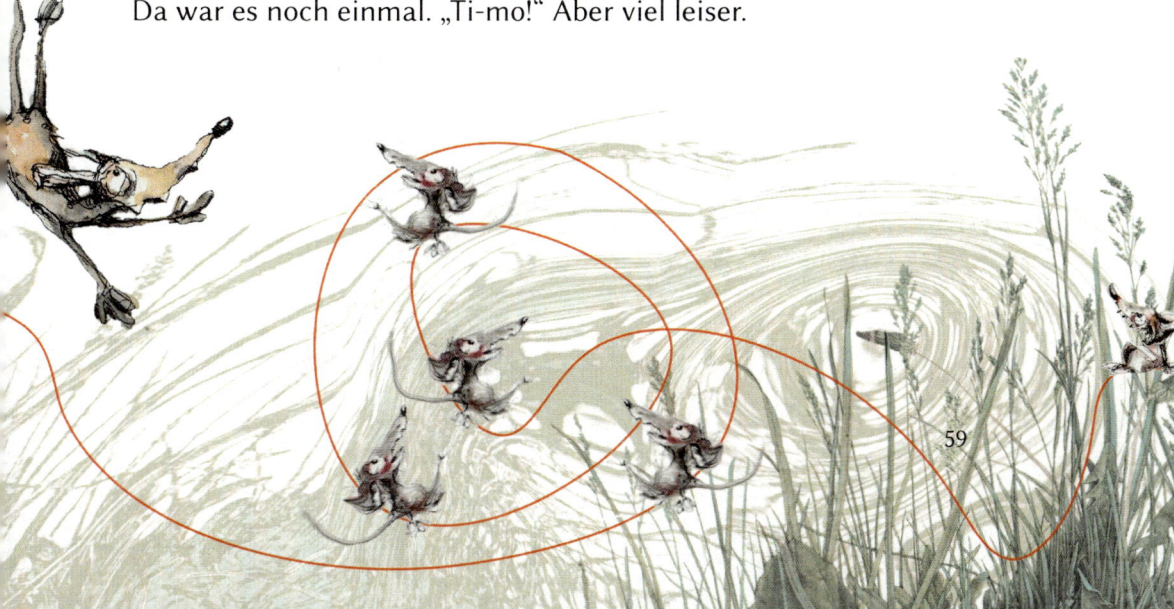

Timo rappelte sich auf, er musste nach Hause. Es war mit einem Mal seltsam dämmerig auf der Wiese, und wie er erstaunt feststellte, lag das daran, dass er sich gar nicht mehr auf der Wiese befand, sondern in einem dichten Wald, mit Bäumen, die zwar nicht sehr dick waren, aber unendlich hoch in den Himmel schossen. Als er an sich heruntersah, steigerte sich seine Verwunderung noch. Trotz der Dämmerung konnte er genau erkennen, dass er nicht seine eigenen Kleider anhatte. Die Sachen, die er jetzt trug, waren grün, und sie fühlten sich auch anders auf der Haut an. Er tastete die seltsam geschnittene Jacke und seine Hose ab – das war ja ganz was Anderes als seine Jeans und sein Lieblings-T-Shirt, das mit der Elektrogitarre. Panik machte sich in ihm breit. Wenn er seiner Mutter erklären musste, dass seine Sachen sich auf wunderbare Weise in altmodische Teile verwandelt hatten, die aussahen, als wären sie aus Gras gemacht, würde es richtig Ärger geben.

Außerdem war er barfuß. Seine Schuhe waren praktisch neu gewesen, und er hatte sie eigentlich gar nicht auf der Wiese tragen sollen. Aber er war so stolz auf sie: rote Wildlederturnschuhe mit goldenen Streifen. Diese Schuhe zu verlieren, das ging gar nicht. So was Schlimmes hatte er sich überhaupt noch nie geleistet, abgesehen von dem Chinakracher, den er einmal in seinem Zimmer losgelassen hatte, und, noch früher, von der angemalten Wand in der Küche. Die Angst vor der Begegnung mit seiner Mutter war nichts im Vergleich zu dem Schrecken, den ihm die plötzlichen, krachenden Geräusche einjagten. Hektisch drehte er seinen Kopf hin und her.

Da kam etwas durch den Wald auf ihn zu, er konnte schon die Bäume wegknicken sehen; der Boden zitterte. Und dann drängte sich das baumfällende Etwas durch die Lücken zwischen den Bäumen direkt vor ihm. Es war riesig, schwarz, hatte eine spitz zulaufende Schnauze, kräftige Klauen an seinen Vorderfüßen und, wie er sah, als es seine Schnauze in die Luft streckte, ein Maul, das zwar klein war, aber aus dem zwei lange Hauer hervorragten. Er war unfähig zu fliehen oder sonst irgendwas zu machen, der Schrecken hatte ihn auf seinem Platz festgenagelt. Das Untier brauchte ihn nur mit seinen Klauen zu streifen, und er war tot.

Plötzlich schoss neben ihm ein grauer Rauch in die Höhe, direkt auf die Schnauze des Monsters zu, und dann wurde der Rauch, schneller als Timo gucken konnte, von einer rotgelben Flamme verzehrt, deren Hitze ihn beinahe versengte. Das schwarze Tier stieß einen markerschütternden Schrei aus, rieb sich mit den Klauen über seine Schnauze, und zog sich ein wenig zurück. Ein scharfer Geruch nach verbrannten Haaren stach Timo in die Nase. Jemand packte ihn an seiner Jacke und zog ihn mit sich fort. Der Fremde, dessen Gesicht er in dem Dämmerlicht nicht klar ausmachen konnte, zischte eindringlich: „Folge mir!" Dann drehte er sich um und rannte los.

Timo stolperte ungelenk hinter ihm her. Der Fremde bewegte sich zwar nicht sehr schnell, manövrierte aber so geschickt um die Baumstämme herum, dass Timo alle Mühe hatte, Schritt zu halten. „Wo ...", fragte er stammelnd im Laufen, „was ...?"

„Psst", zischte der Fremde, ohne sich umzudrehen. „Belsazar hat feine Ohren." Timo bemerkte, dass der Fremde genau wie er angezogen war, aber an seinem Gürtel viele geheimnisvolle Dinge trug, die bei seinen Schritten auf und ab wippten. Eines dieser Dinge – aber er irrte sich sicher, oder? – schien eine gigantische tote Fliege zu sein, ein anderes sah wie eine Riesenversion der seltsamen Kugeln aus, die man manchmal auf Eichenblättern fand: ein Gallapfel, hatte ihm jemand erklärt. Jemand? Das war doch sein Vater gewesen, der ... der ... Gabor hieß.

Darauf konnte er sich jetzt nicht konzentrieren. Der Boden war matschig, und er fürchtete, mit seinen blanken Füßen auf irgendwas Gefährliches zu treten, Glasscherben vielleicht oder weggeworfene Getränkedosen, vor so was hatte ihn immer seine Mutter gewarnt. Und wer war dieser Belsazar? Als sie endlich aus dem Waldrand hervorbrachen, wollte Timo ungebremst weiterlaufen, hinein in das blendende Licht, aber der Fremde packte ihn am Arm. „Halt!", zischte er. Timo, weit nach vorne gebeugt, sah, dass er einen Schritt von einem Abgrund entfernt zum Stehen gekommen war, und am Fuß dieses Abgrunds tobte ein reißender Fluss. Der Fremde zog ihn mit Kraft zurück, in Sicherheit. Er drehte sich um, und sah seinem Retter zum ersten Mal voll ins Gesicht.

„Herr Meininger!", schrie er, „was ist ... wo sind ... können sie ..."
Der Fremde hielt eine Hand an sein rechtes Ohr und schwenkte
seinen Kopf hin und her wie eine Eule. „Verdammt", zischte er,
„Belsazar ist uns immer noch auf den Fersen. Los, komm mit!" Und
dann zog er Timo wieder hinter sich her, auf dem schmalen Streifen
zwischen Waldrand und Abgrund.

„Herr Meining ..."

„Still!"

Hier, außerhalb des Waldes kamen sie schneller voran, aber das
Krachen der Bäume in ihrem Rücken kam näher. Belsazar wusste
offenbar, dass auf dem schmalen Uferstreifen für ihn kein Platz
sein würde, und deswegen versuchte er, sie innerhalb des Waldes
zu überholen und ihnen dann in einem geeigneten Moment den
Weg abzuschneiden, indem er einfach seine Schnauze vor ihnen
aus dem Waldrand heraussteckte. Wenn das geschah, würden sie
ihm direkt in die Arme laufen. Timo legte einen Zahn zu. Sie bogen
um eine Ecke. Zu Timos Entsetzen blockierten einige Bäume den
Weg, sie waren umgestürzt, lagen auf dem Uferstreifen quer und
ragten weit über den Abgrund hinaus. Sie würden die Stämme
überklettern müssen – die ideale Gelegenheit für Belsazar, sie abzu-
fangen. Der Fremde zischte „Verdammt!", die beiden kamen schlid-
dernd vor dem Hindernis zum Stehen und wollten schon anfangen,
es zu überklettern – da flog von unten etwas Schwarzes, Knäueliges
über die Stämme, schwang wie ein Enterhaken zwei- dreimal um
sie herum – offenbar hing es an einer sehr dünnen Schnur – und
verhakte sich so, dass es nicht mehr abrutschen konnte. Und dann
drehte das Ding den beiden seinen Kopf zu:

„Wollt ihr Transpo-ort?"

Eine Spinne! Timo zog vor Schreck scharf die Luft ein. Spinnen
mochte er nicht, schon gar nicht, wenn sie so groß waren wie sein
Kopf und auch noch sprechen konnten.

„Wollt ihr Transpo-ort?"

Wenigstens klang die Stimme nicht bedrohlich, eher freundlich-
kieksig, fast wie die Stimme von Timos Schwester Lara, wenn sie
beim Spielen nett sein wollte.

Der Fremde schrie: „Ja!"

Dann sprang er, und bekam im Sprung die Leine zu greifen, die die Spinne hinter sich hergezogen und um die Baumstämme gewickelt hatte.

„Los, du auch!"

Timo zögerte. Der Abgrund war so tief, dass ihm schwindelig wurde. Er war nicht schlecht in Sport, aber das hier passte ihm gar nicht. Und er konnte noch nicht einmal beim Springen die Augen zumachen, sonst würde er die Schnur verfehlen. Der Uferstreifen ließ ihm nur zwei Schritte Anlauf. Da! Es krachte genau in seinem Rücken! Belsazar griff an! In höchster Not nahm er Schwung und sprang. Ein bisschen zu weit. Er sah es im Flug ganz genau: er würde übers Ziel hinausschießen.

Wie neulich, als Volker mit dem uralten, benutzten Putzlappen vom anderen Ende des Schulwaschraums nach ihm geworfen hatte. Der eklige Fetzen war genau auf ihn zugekommen, Timo hatte gewusst, was passieren würde, und dass er nullkommanichts dagegen machen konnte.

Der Fluss lag weit unter ihm, er sah es wie in einem Film. Die Sonne glitzerte auf den Wellen. Er haschte nach dem Seil, als er daran vorbeiflog – keine Chance. Und dann hielt ihn etwas mitten im Flug auf. An seinem rechten Bein gefangen schwang er nach unten, und die Landschaft drehte sich um ihn herum wie in einem Karussell. Erst in die eine Richtung, dann in die andere. Belsazar!, dachte er. „Das Seil!", schrie der Fremde über ihm, „schnapp dir das Seil!" Und tatsächlich, beim nächsten Pendelschwung bekam er das Seil zu greifen, und hielt sich daran fest. Kopfüber hing er da.

„Nicht so fest zugreifen!", schrie der Fremde über ihm. „Wir müssen da jetzt runterrutschen."

„Das kann ich nicht!"

„Doch, das kannst du – !"

Eine Erschütterung lief durch das Seil, dass er wie ein Köder an einer Angelschnur auf- und niederwippte.

„– weil uns sonst Belsazar doch noch kriegt!"

Er lockerte seinen Griff ein wenig, und los ging's. Erst langsam, dann immer schneller rutschten sie an der Schnur auf den Fluss zu, oder vielmehr, wie Timo jetzt erkannte, auf einen dunklen Fleck, der auf dem glitzernden Wasser tanzte. Timo war überrascht, dass er so wenig Angst hatte. Das war bestimmt deswegen, weil er dem Fremden, der wie Herr Meininger aussah, vertraute. Der hielt immer noch seinen rechten Fuss. Aber er konnte anscheinend mit einer Hand und seinen Füßen dafür sorgen, dass sie nicht zu schnell wurden. Trotz des Fahrtwinds hörte Timo Belsazar brüllen, gleich danach gab es wieder eine dieser Erschütterungen, diesmal so heftig, das Timo glaubte, sie würden von dem Seil heruntergeschüttelt.

Aber die Sache hielt noch. Der dunkle Fleck entpuppte sich als Boot, das von dem Seil an seinem Platz gehalten wurde, oder eher von dem Mann auf dem Boot, der das Seil mit aller Kraft festhielt und zu ihnen hinaufschaute. So musste das aussehen, dachte Timo, wenn man an einer Drachenschnur zur Erde hinuntersauste, während der Drachen in der Luft wild hin- und hergeschleudert wurde. Und dann waren sie unten und polterten Hals über Kopf in das Boot hinein. Als Timo nach einem Purzelbaum an der Bordwand des Boots zum Halten kam, konnte er gerade noch mitverfolgen, wie der Mann das Seil mit einer großen Schere von seinem Gürtel abschnitt – denn dort hatte es die ganze Zeit gehangen. Keine Sekunde zu früh, denn oben, fast genau über ihren Köpfen, hatte Belsazar voller Wut so lange auf die Baumstämme eingeschlagen, bis sie geknickt waren und in die Schlucht hinunterfielen.

Zum Glück war die Strömung stark und trieb das Boot schnell weg von der Stelle, an der es von dem Seil festgehalten worden war. Trotzdem wurden sie von der Welle erfasst, die die herunterkrachenden Baumstämme in dem Fluss erzeugten, Timo glaubte schon, sie würden kentern, aber der Mann hielt das Boot knapp unter Kontrolle. Als es etwas ruhiger dahinfuhr, hatte Timo ein wenig Zeit, sich darüber zu wundern, dass die dunkelbraune Holzwand nicht aus Brettern bestand, sondern wirkte, als hätte man sie aus einem Stück gemacht. Am Boden lief ein Mittelstrahl entlang, von dem viele Seitenstrahlen abgingen, auf denen unbequem zu sitzen war; am anderen Ende des Boots, dort wo der Steuermann stand, ging dieser Mittelstrahl in etwas über, das wie ein Stiel aussah – die ideale Befestigungsmöglichkeit für das Steuerruder, wie es schien.

Der Rand des Boots war nicht glatt, wie Timo das von anderen Booten kannte, sondern gewellt, fast wie der Rand eines Wikingerschiffs von innen, wenn außen die Schilde der Krieger befestigt waren. Timos Vater hatte ihm erklärt, wo Steuerbord und Backbord bei einem Schiff waren, aber er hatte vergessen, was links und was rechts war, und von wo aus man das sehen musste, damit es stimmte. Als er darüber nachdachte, ging ihm plötzlich ein Licht auf: das Boot war ein Blatt, ein riesiges altes Eichenblatt, so eingerollt, dass es auf dem Fluss schwamm. Der Steuermann sah grimmig voraus, war ganz angestrengt bei der Sache. Er war gekleidet wie Timo und der Fremde, der ihn vor Belsazar gerettet hatte: Eine Weste und eine Hose, die anscheinend aus Gras gewebt worden waren, Schuhe trug auch er nicht. Er hatte einen breiten Gürtel, an dem seltsame schwarze Bollen hingen. Einer davon fiel plötzlich aus dem Gürtel, streckte ein paar Beinchen aus, und krabbelte auf den Fremden zu, der Timo gerettet hatte.

„Hunger", piepste das Ding gut hörbar, „viel Hunger." Diese schwarzen Bollen am Gürtel des Steuermanns waren also auch Spinnen, solche wie die, die sich oben am Uferrand um die Baumstämme geschlungen hatte. Der Steuermann schnappte sich in einer blitzschnellen Bewegung den Faden, den die Spinne hinter sich herzog, ließ sie wie ein Jojo zu sich hochschnellen, faltete die Beine mit Nachdruck ein, und hängte sich die so entstandene pelzige Kugel wieder an den Gürtel.

qualle und welle konnten keine freunde sein

ARNE RAUTENBERG

qualle kam
welle nahm
qualle unsanft in den arm

qualle zog
welle sog
qualle flog – allerhand! –

auf den heißen trocknen sand

Keine Jagdsaison

KATJA BRANDIS

Ich hatte gehört, dass Jugendliche in normalen Schulen Aufsätze darüber schreiben müssen, was sie in den Ferien erlebt haben. Auf der Clearwater High gab es so was nicht – das Risiko war zu groß, dass solche Aufzeichnungen einem Menschen in die Hände fielen. Denn was wir als Woodwalker taten und erlebten, war meistens geheim ... und manchmal auch fellsträubend gefährlich.

So wie diese Situation, in der wir gerade steckten. Meine große Schwester Mia und ich – beide in Pumagestalt – kauerten in einem Gebüsch neben einem schrottigen braunen Pick-up, auf dessen Ladefläche aller möglicher Kram gestapelt war. Aus dem Fenster auf der Beifahrerseite des Autos ragte der Lauf eines Gewehrs heraus. Er zielte nicht auf uns, aber dafür auf eine Herde von Wapitis, die in der Morgendämmerung friedlich auf einer Lichtung weidete.

Meine Schwanzspitze pendelte vor Aufregung. *Das geht gar nicht*, sagte ich zu Mia – lautlos, von Kopf zu Kopf. So, wie wir uns immer verständigten, wenn wir in unserer Tiergestalt waren. *Ich werde nicht zuschauen, wie er die abknallt!*

Früher hast du gerne Wapiti gefressen, meinte Mia ein bisschen erstaunt.

Ich spürte, wie die Tasthaare an meiner Schnauze nervös zuckten. Zum Glück war der Wilderer noch nicht bereit zu schießen, gerade hörte ich ihn im Führerhaus ein Dosenbier gluckern. *Ja, früher! Als ich Lou noch nicht kannte – du weißt schon, dieses nette Wapitimädchen in meiner Klasse, das ich mag. Also, was ist? Wir müssen was machen!*

Stimmt, sagte Mia und bleckte die Fangzähne, die so lang waren wie Menschenfinger. Nein, sie war kein niedliches Kätzchen, sondern eine vierzig Kilo schwere Raubkatze. *Was schlägst du vor? Wir könnten auf sein Auto springen und es ein bisschen zerkratzen, das lenkt ihn vielleicht ab!*

Bestimmt, aber unser Ziel ist ja nicht, dass WIR stattdessen erschossen werden, wandte ich ein. *Als Menschen könnten wir hier mehr ausrichten. Zu blöd, dass wir unsere Klamotten bei der Schule gelassen haben.*

Lautlos verließ ich das Gebüsch und pirschte geduckt, sodass der Kerl mich nicht sah, um das Auto herum. Auf der offenen Ladefläche lag unter anderem eine alte, karierte Decke. Prompt hatte ich eine Idee. Schnell erklärte ich Mia, was ich vorhatte, und sie schaute mich mit großen Augen an. *Meinst du wirklich, das klappt?*

Etwas anderes fällt mir gerade nicht ein, sagte ich hastig. *Los, beeil dich, er kann jederzeit anfangen rumzuballern!*

Mia schlich davon. In so was war sie ein Profi – wenn sie nicht gesehen werden wollte, sah sie auch keiner. Ich dagegen blieb, wo ich war, konzentrierte mich und stellte mir den blonden, vierzehnjährigen Jungen mit grüngoldenen Augen vor, der ich in meiner Menschengestalt war. Schon spürte ich, wie ein Kribbeln meinen Körper durchzog und wie er begann, die Form zu ändern. Aus meinen Vorderpranken wurden wieder Hände, aus den Hinterläufen Beine und Füße. Meine Ohren schrumpften und zogen sich an die Seite des Kopfes zurück, die Fangzähne wurden zu meinem harmlosen Menschengebiss. Weh tat das alles zum Glück nicht und ich war längst daran gewöhnt. Ein paar Wimpernschläge später kauerte ich pelzlos hinter dem Wagen, fröstelte im kühlen Nachtwind und wünschte mir den Pullover und die Hosen zurück, die ich leider ein paar Hundert Kilometer von hier entfernt versteckt hatte. Vorsichtig zog ich die Decke von der Ladefläche und wickelte mich hinein.

Als der Wilderer hörte, wie ich an das Fenster auf der Fahrerseite klopfte, ließ er vor Schreck fast sein Gewehr fallen. Er streifte sich mit einer Hand hastig das Nachtsichtgerät vom Kopf und blickte erst ertappt drein und dann erstaunt. Wahrscheinlich hatte er mit einem Ranger gerechnet und nicht mit einem ziemlich ungewöhnlich

angezogenen Jungen. Schließlich waren wir hier meilenweit von der nächsten Siedlung entfernt, mitten im von einzelnen Kiefern getupften Grasland. Auf der schmalen Straße war schon ewig kein Auto mehr vorbeigekommen.

„Sir, dürfte ich Sie einen Moment stören?", fragte ich so höflich, wie ich es in Menschenkunde gelernt hatte.

Der Mann ließ das Fenster heruntersurren. „Was zum Teufel machst du hier, Bursche?", motzte er mich an.

„Sie wissen schon, dass keine Jagdsaison ist?", fragte ich zurück. „Wenn Sie schießen, machen Sie sich strafbar."

Wie ich erwartet hatte, lachte er mich aus. „Was interessiert dich das? Geh nach Hause, setz dich vor den Fernseher und schau *Captain Marvel* oder was euch Kinder so interessiert."

Ich rührte mich nicht. Besser, ich lenkte ihn noch einen Moment länger ab. Aber es war ein gutes Zeichen, dass die Wapitis schon wachsam die Köpfe gehoben hatten. Hatten sie Mia gewittert? Sie schlich sich extra in Windrichtung an, damit die Huftiere jede Menge Pumageruch in die Nase bekamen.

Als ich mich nicht bewegte und den Mann weiterhin freundlich anblickte, wurde er ärgerlich. „Worauf wartest du? Scher dich weg!"

„Sie wollen also wirklich jagen, obwohl es verboten ist?", fragte ich.

„Hau ab, Junge ... sonst passiert hier gleich was, was dir gar nicht gefallen wird!"

„Ich glaube eher, es passiert was, was *Ihnen* nicht gefällt", sagte ich, beugte mich ins Auto und zog seinen Autoschlüssel ab, bevor er kapiert hatte, was los war. Dann verbog ich den Schlüssel, bis er U-Form hatte. Selbst in meiner ersten Gestalt bin ich deutlich stärker als ein Mensch, was manchmal ganz praktisch ist.

Es gefiel ihm tatsächlich nicht. Selbst im schwachen Licht der Dämmerung konnte ich sehen, dass sein Gesicht so rot anlief wie der Kehllappen eines Truthahns. „Du spinnst wohl!"

Auf der Lichtung galoppierten die Wapitis davon und verschwanden im Wald.

„Nein, ich glaube nicht", sagte ich, während der Mann wütend nach seinem Gewehr griff. Oh-oh. Jetzt war der richtige Moment, um abzuhauen, schließlich waren unsere vierbeinigen Freunde in Sicherheit. Doch als ich losrennen wollte, stolperte ich über den Saum der blöden Decke und ging zu Boden, schmerzhaft bohrte sich der Schotter der Straße in meine Haut. Noch immer außer sich vor Wut knallte der Wilderer die Autotür auf und traf mich – ob absichtlich oder nicht – seitlich am Kopf. Während er aus dem Wagen sprang, sackte ich halb betäubt um und erwartete jeden Moment, dass mich harte Hände packen würden.

Passierte aber nicht. Stattdessen schrie der Mann auf.

Alles klar, Carag?, fragte Mia besorgt. *Ich glaub, du kriegst eine fette Beule.*

Sie lag auf dem Autodach, hatte von dort aus mit ausgefahrenen Krallen herabgeangelt und den Wilderer seitlich am Jackenkragen erwischt. Erstarrt vor Furcht, mit weit aufgerissenen Augen, hing er in ihrem Griff, während sie mit der anderen Pranke nachfasste. Jetzt sah es so aus, als würde sie seinen Hals von hinten umarmen.

Glaub ich auch, antwortete ich und befühlte meinen Kopf. Ja, da bildete sich tatsächlich eine Beule.

„Nimm mein Gewehr ... knall das Vieh ab ... bevor es mich umbringt ... schnell!", flüsterte der Kerl heiser.

Noch ein bisschen taumelig bewegte ich mich um sein Auto herum und holte wie gewünscht seine Knarre.

„Schieß!", brüllte der Wilderer.

„Es ist gerade keine Jagdsaison, wie Sie wahrscheinlich wissen", sagte ich und knallte den Lauf so lange gegen einen Stein, bis er gekrümmt war wie das Horn eines Bisons. Dann wandte ich mich wieder seinem Besitzer zu und versuchte mich daran zu erinnern, was mein Lieblingslehrer James Bridger zu dem Wilderer gesagt

hatte, in dessen Falle er mal festgesessen hatte. „Wenn Sie noch mal wildern, und wenn es nur ein einziges Mal ist, dann melde ich Sie den Behörden!"

Der Wilderer wimmerte leise. Machte ihm das mit den Behörden Angst? Na ja, wahrscheinlich eher, dass Mia gerade genüsslich seine Wange abschleckte. Fühlte sich bestimmt nicht gut an, Raubkatzenzungen sind rau wie grobes Schmirgelpapier. *Und ich darf wirklich nichts von ihm abbeißen?*, fragte Mia.

Nein, und wir hauen jetzt ab – der Kerl hat genug, sagte ich zu ihr und ließ die Decke fallen. Auf dem Boden liegend, damit er es nicht sehen konnte, verwandelte ich mich zurück, dann markierte ich das Auto mit einem kräftigen Strahl Pumapisse. Ich wollte es zwar nicht als meins beanspruchen – ich brauchte keinen Blechhaufen! –, aber die Geste zählte.

Mit langen Sprüngen rannten Mia und ich in den Wald. Auf vier Beinen kam man zum Glück schnell voran, denn wir hatten noch ein ordentliches Stück Weg vor uns bis zu unseren Eltern, die vor ein paar Jahren von einem Wolfsrudel aus ihrem alten Revier in Yellowstone vertrieben worden waren.

Als wir in sicherer Entfernung waren, liefen wir wieder etwas langsamer.

Toll, was du in dieser Schule alles gelernt hast, meinte Mia und schleckte mir über die pelzige Schulter. *Dieser Mann hat mit dir geredet wie mit einem Menschen, er hat gar nicht gemerkt, dass du keiner bist.*

Ja, stimmt, gab ich zurück, knuffte sie spielerisch und nagte an ihrem Ohr. *Du wirst es toll finden an der Clearwater High, die meisten Leute dort sind total nett und der Unterricht echt interessant. Solange man tagsüber in die Klasse geht, kann man nachts herumstreifen, so lange man will. Es ist so katzig, dass du im Herbst auch da sein wirst!*

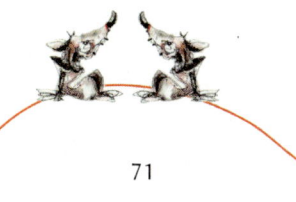

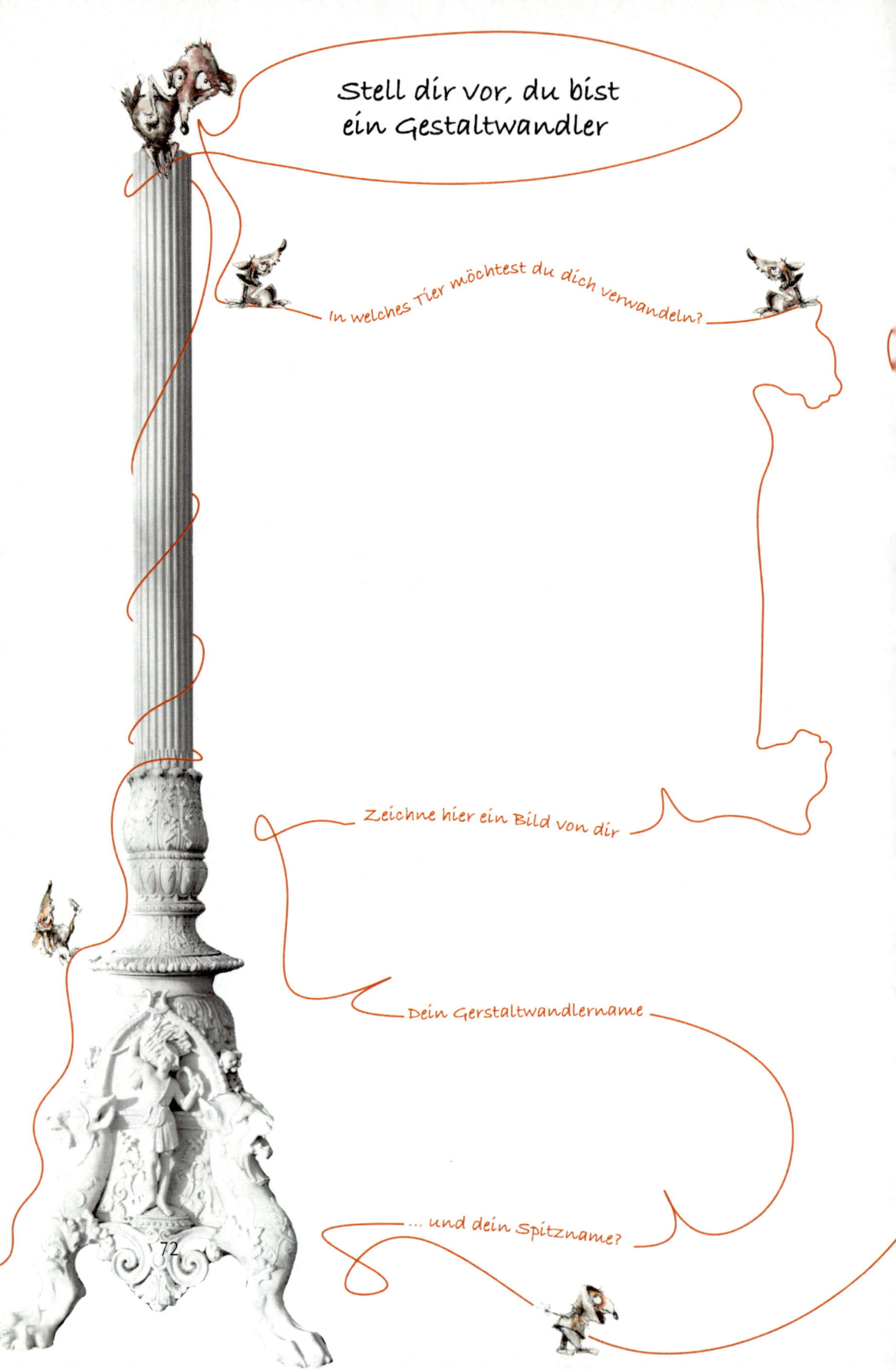

Stell dir vor, du bist
ein Gestaltwandler

In welches Tier möchtest du dich verwandeln?

Zeichne hier ein Bild von dir

Dein Gerstaltwandlername

... und dein Spitzname?

72

Was ist dein Lieblingsessen? — Fleisch? — Gemüse? — Körner?

nee, lieber...

Das kannst du besonders gut:

Das solltest du noch üben...

Deine Ausrede, wenn du zu spät kommst...

Was nie passieren wird...

Der Filmtitel, wenn dein Leben verfilmt wird:

Deine Laune (meistens):

Dieser Person vertraust du das Geheimnis, ein Gestaltwandler zu sein, an...

73

wer kaut am coolsten kaugummi?

ARNE RAUTENBERG

du denkst
am coolsten kauen
die cowboys kaugummi?

nein
am coolsten kauen
die kamele kaugummi

du denkst
die kamele
sie grasen?

nein
die kamele reiben sich nur im sand der oasen
ihre kitzelnden nasen

ja und dann
schauen die kamele dich
richtig cool kaugummikauend an

Pink

LUCINDE HUTZENLAUB

„… und jetzt sind ihre Haare pink! Keine Ahnung, warum sie das gemacht hat!" Ich höre, wie meine Mutter in der Küche lacht. Dabei fand sie es überhaupt nicht lustig, als ich vor einer Woche meine Haare gefärbt habe. Sie sind – besser gesagt: waren – ziemlich blond. Ich gebe zu, nicht nur die Haare sind pink geworden, sondern auch das Waschbecken. Ein bisschen. Gehört dazu, oder?

Das zweite Lachen, das in ihres mit einsteigt, kenne ich nicht. „Ach, das ist doch überall das Gleiche," sagt die andere Stimme. „Bei meinen Jungs bin ich jeden Tag wieder überrascht, was sie für Outfits und Frisuren cool finden." Gelächter. „Stell dir vor, mein Kleiner, Max, hat sogar einen eigenen Instagram-Account für sich und seine Styles." Sie kichert. „Und Titus trägt halt das, was alle tragen." Noch mehr Gelächter. Titus. Hört sich schwer nach geigenspielendem Oberliga-Langweiler an. Titus. Echt jetzt. Ich verdrehe die Augen und schleiche mich lautlos näher. Ich hasse es, wenn Mom über mich redet. Klar, sie meint es nicht böse und ganz offensichtlich machen das ja auch alle Mütter, aber deshalb kann ich es trotzdem nicht leiden. Noch ein paar Schritte und ich kann sehen, wer da in der Küche sitzt.

Verdammt. Vor lauter Neugier habe ich die Sporttasche von meinem Bruder Ben übersehen, die wie immer mitten im Weg liegt.

„Milla?" War klar. Sie hat mich gehört. Danke auch, kleiner Bruder. „Milla, bist du das?", fragt sie nochmal. Nein, ich bin Prinzessin Elsa aus dem Film „Frozen". Wer sonst?

„Ja", brumme ich ganz unelsamäßig.

„Komm doch mal in die Küche, wenn du schon da bist, und sag Hallo!" Ich bemühe mich um einen einigermaßen freundlichen Gesichtsausdruck und betrete die Küche, um mir die Frau anzusehen,

mit der meine Mutter über meine Haare redet. Sie ist blond und hat sehr große, sehr graue und sehr freundliche Augen, die mich ganz genau ansehen.

„Ja, doch: Ziemlich pink", sagt sie anerkennend. „Wow! Sieht echt super aus!" Sie meint es ernst. Ich finde sie sofort sympathisch, als sie „Mit Pink macht man nichts falsch", hinterherschiebt und mir verschwörerisch zublinzelt.

„Milla, das ist Franziska May, Franzi, das ist meine Tochter Camilla."

Ich mache einen albernen Knicks, bin irgendwie immer noch im Elsa-Modus und sage ziemlich übertrieben: „Angenehm!"

Franzis Lächeln wird noch breiter. „Ebenfalls angenehm, liebe Camilla."

„Franzi ist meine neue Kollegin auf dem Amt. Und sie hat zwei Söhne."

„Soll vorkommen", sage ich. Franzi lacht. Sie versteht meinen Humor anscheinend. Mom eher nicht so. Ich sehe ihr an, dass sie mich und das Ganze nicht halb so lustig findet und am liebsten im Boden versinken würde. „Stell dir vor, Milla, Franzis großer Sohn ist sogar bei dir auf dem Technischen Gymnasium! In der Elften, stimmt's Franzi?"

Typisch meine Mutter. Kaum ist es mal ganz nett, fängt sie an, über die Schule zu sprechen. Oder über Jungs. Und am liebsten über beides. Fehlt nur noch, dass sie mir vor Franzi empfiehlt, „doch mal mit einem auszugehen", als ob sie nicht wüsste, dass es oberpeinliche Dinge gibt, die man einfach nicht mit seiner Mutter bespricht. Und schon gar nicht vor Leuten.

„Stimmt", sagt Franzi. „Titus ist in der Elf. Kennst du ihn vielleicht?" Nein, da klingelt nichts bei mir. Auch, wenn er damit nur ein Jahr über mir ist, hab‘ ich seinen Namen noch nie gehört, aber das ist auch kein Wunder. Jule und ich haben erst zur zehnten aufs TG gewechselt. Und überhaupt: Titus. Echt jetzt. Franzi hat wirklich Humor. Ich schüttele den Kopf. „Sorry."

„Schade", sagt sie und lächelt. „Aber vielleicht begegnet ihr euch ja noch."

„Ich halte meine Augen offen", verspreche ich. Und setze in Gedanken ein deutliches Nicht hinterher.

„Sag mal, kennst du einen Titus?", frage ich Jule natürlich trotzdem als erstes, als wir am nächsten Morgen gemeinsam mit gefühlt allen Schülern dieser Stadt von der Bushaltestelle zur Schule laufen. Sie sieht mich grinsend von der Seite an. „Sag bloß, du hast jemand kennengelernt?" Aufgeregt hängt sie sich bei mir ein. Jule ist vermutlich das hübscheste Mädchen, das ich kenne – zumindest, wenn man auf große braune Augen und lange, glänzende braune Haare steht. Und das tun viele Jungs. Aber Jule bildet sich nichts darauf ein. Sie ist alles andere als oberflächlich oder eingebildet. Sonst wäre ich vermutlich nicht mit ihr befreundet. Und sie wahrscheinlich nicht mit mir. Ich interessiere mich für Tierschutz, lese alles, was mir zwischen die Finger kommt, skate gern und – sehe eher durchschnittlich aus. Vor allem neben Jule. Für Jungs bin ich quasi unsichtbar, es sei denn, ich mache einen Nollie Kickflip. Oder ich färbe mir die Haare pink.

„Also, was ist los, Milla?" Jule pufft mir in den Oberarm. „Schläfst du noch? Oder träumst du vielleicht von deinem Titus?"

„Er ist nicht mein Titus", brumme ich. „Ich kenne ihn doch gar nicht." Jule schüttelt den Kopf und schaut mich verwirrt an. „Wie: Du kennst ihn gar nicht? Du hast mich doch gerade nach ihm gefragt?" Vor uns taucht das Schulgebäude auf. Links und rechts vom Eingang stehen die Schüler in Trauben zusammen, um ja keine Sekunde ihrer kostbaren Lebenszeit zu viel in diesem Gebäude zu verschwenden. Vor uns am Treppengeländer lehnen ein paar Jungs und Mädchen der allercoolsten Clique. Den Stars, wenn man so will. Die, deren Eltern super viel Kohle verdienen, die in ihrer Freizeit Golf spielen und immer nur Markenklamotten tragen.

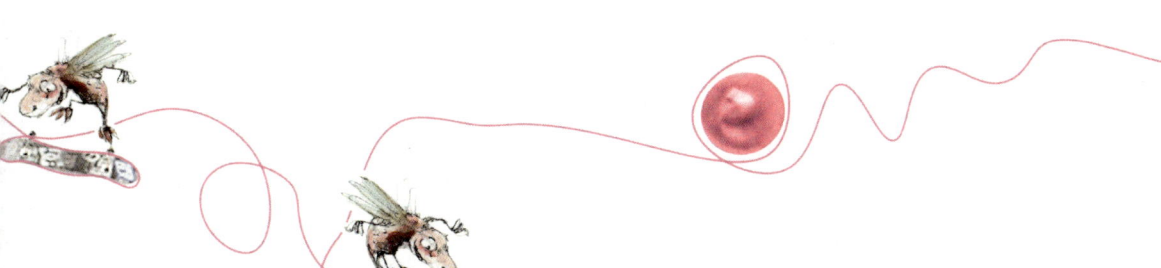

Jule wäre in einer solchen Clique gut aufgehoben – wenn diese Leute nett wären. Sind sie aber nicht. Sieht man schon an ihrem arroganten Blick. Einer von ihnen hat jeweils einen Arm um eines der Girls gelegt und lacht laut über irgendetwas, das hinter mir passiert. Gerade, als ich Jule von Franzi erzählen will, brüllt er quasi in mein Gesicht: „Hey Bro, haben sie dir deinen Roller geklaut? Seit wann fährst du Bus?"

Ich muss mich nicht umdrehen, um zu wissen, dass genau dieselbe Sorte Kerl hinter mir steht. Ich will gerade die erste Stufe nehmen, da höre ich es: „Hallo?! Titus? Pennst du noch?"

Beinahe stolpere ich vor Schreck, aber ich fange mich gerade noch. Bevor ich mich allerdings umdrehen kann, ist irgendjemand ziemlich Großes schon mit voller Wucht in mich hineingelaufen.

„Pass doch auf!", schnauzt dieser jemand mich genervt an.

„Sorry", sage ich automatisch, während ich ihn mir genauer anschaue. Groß, blond, graue Augen, Poloshirt, Chinos, weiße Turnschuhe. Jep. Eindeutig einer von denen. Außerdem ganz eindeutig Franzis Sohn. Und definitiv kein Geige spielender Nerd. Ich begegne seinem Blick. „Titus?", ruft da der Geländertyp schon wieder. „Kannst du mal aufhören, den hässlichen Feuerlöscher so anzustarren? Wir warten auf dich, Bro!"

Hässlicher Feuerlöscher?

Titus zuckt gleichzeitig mit mir zusammen und schiebt sich an mir vorbei. „Schon okay, nichts passiert", sagt er. Dann dreht er sich noch einmal um und lächelt eine Millisekunde. „Du bist Milla, richtig?" Sein Lächeln kribbelt irgendwie merkwürdig auf meinem Gesicht und seine Stimme sorgt dafür, dass ich nur stumm nicken kann. Auch atmen kann ich erst wieder richtig, als er nach einem schnellen: „Man sieht sich, Milla!", die Treppe zu seinen Freunden hochgerannt ist und ich wieder unsichtbar bin.

Hallo Worte: wo seid ihr, wenn man euch mal braucht?

Jule pufft mir schon wieder in die Seite. „Erde an Milla! Erde an Milla! Das war dein Titus?" Sie lacht. „Da hast du dir ja gleich den allercoolsten ausgesucht." Bevor ich irgendwas erwidern kann, zeigt sie auf die Mädchentruppe, die sich sofort auf ihn gestürzt hat, als wäre er ein Handtäschchen von Gucchi.

Während Mathe, Geschichte und Deutsch denke ich nur darüber nach, wie sich sein Blick auf meinem Gesicht angefühlt hat – und der hässliche Feuerlöscher von seinem Kumpel in meinem Herzen. Wenigstens weiß ich jetzt, was es mit einer „Achterbahnfahrt der Gefühle" auf sich hat. Jedenfalls: Besser, dass heute Freitag ist. Ich brauche dieses Wochenende dringender denn je. Ich will skaten, so lange, bis ich nichts anderes mehr denken kann. Außerdem gibt es morgen eine Aktion von der freiwilligen Feuerwehr gemeinsam mit dem Tierschutzbund und der Stadt, bei der links und rechts der großen Bundesstraße, die an unserem Ort vorbei und durch den Wald führt, blaue Reflektoren aufgehängt werden, damit die Wildtiere nicht mehr auf die Straße rennen. Coole Aktion. Ich bin auf jeden Fall dabei, selbst, wenn ich dafür schon wieder um halb sieben aufstehen muss.

Und es regnet.

Bindfäden.

Draußen ist alles einfach nur grau. Dunkelgrau. Mein innerer Schweinehund versucht mich davon zu überzeugen, im Bett zu bleiben. Aber ich bleibe wach. Zumindest einigermaßen. Mit halb geschlossenen Augen tappe ich in die Küche, in der Hoffnung, dass irgendjemand Tee gekocht hat und werde belohnt. Wortlos streckt mir meine Mutter eine dampfende Tasse entgegen. Vorsichtig nippe ich an dem heißen Getränk. Nimm das, Schweinehund!

Ich drücke Mom schnell noch einen Kuss auf die Wange, bevor ich das Haus verlasse.

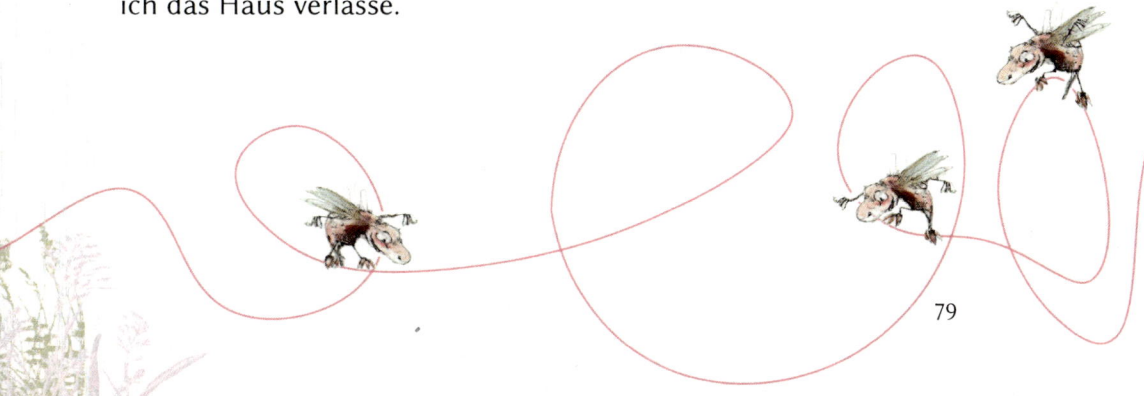

Am Treffpunkt ist schon Einiges los. Ich würde sagen, es sind so ungefähr dreißig Helfer gekommen, aber auf den ersten Blick erkenne ich keinen. Kein Wunder. Himmel grau, Boden grau, Regenjacken, Kappen, Arbeitshosen und Gesichter so früh am Morgen –alles grau. Alles und alle bis auf mich. Gelber Parka, rote Gummistiefel mit den weißen Punkten und nicht zu vergessen, der pinkfarbene Dutt. Bunt gewinnt.

Wir werden in Zweierteams eingeteilt, jedes Team hat einen eigenen Straßenabschnitt von einem Kilometer, einer hält den Ast und einer bindet den Reflektor fest. Soweit so easy. Oder doch nicht ganz so easy, denn vor mir steht Titus. „Morgen, Milla", sagt er gutgelaunt und mustert mich von oben bis unten. Unter seinem Blick überlege ich, ob ich nicht vielleicht ein bisschen zu bunt bin, aber andererseits: grau kann jeder. Er selbst trägt eine graue Arbeitshose wie die anderen und Sicherheitsschuhe, sowie eine blaue Regenjacke mit einem dunkelblauen Hoodie drunter unter dem ein paar blonde Haarsträhnen hervorlugen. Seine grauen Augen leuchten. Aus irgendwelchen Gründen sieht er selbst in langweiligen Klamotten unglaublich gut aus. Seine pure Anwesenheit macht mich nervös.

„Wie es aussieht, sind wir ein Team. Was für ein Zufall, oder?" Er strahlt mich an, als wäre ich das Beste, was einem an einem verregneten Morgen passieren kann. Das hilft bei aufsteigender Nervosität allerdings kein bisschen. Im Gegenteil.

„Dass ich dich bisher übersehen habe …", redet er munter weiter. Das kann echt nicht sein Ernst sein. Leider funktioniert mein Sprachzentrum nach wie vor nicht einwandfrei und so ist das erste, was ich fehlerfrei brummen kann, ein einsilbiges „Morgen." Stehenlassen kann ich sein plötzliches Auftauchen natürlich auch nicht, deshalb setze ich ein unfreundliches „Stalkst du mich etwa?" hinterher. Jetzt verrutscht auch sein Grinsen ein bisschen. Ja okay, er sieht gut aus, und ja, er scheint irgendwie auch ganz nett zu sein – bleibt die Frage, was er hier macht. Im Regen. Bei dieser Aktion. In meinem Team. Solche Zufälle gibt es einfach nicht! Hässlicher Feuerlöscher, dröhnt mir die Stimme seines Buddies ins Ohr. Ist das eine kranke Aktion seiner Kumpels? Eine Wette vielleicht? „Also sag schon: was machst du hier?", frage ich meinem Verdacht entsprechend ziemlich unfreundlich.

„Ich ... hänge Reflektoren auf?" Irritiert sieht mich Titus an.

„Schon klar. Hat der Golfplatz heute zu? Hast du denn keine Angst, nass zu werden?" Ich höre selbst, wie gehässig meine Stimme klingt. Kein Wunder, dass Titus zurückzuckt. Aber es wundert mich, dass es mir so viel ausmacht. Und warum ich überhaupt so gemein bin, weiß ich auch nicht so genau. Er hat mir ja wirklich nichts getan.

Er nicht, aber sein Freund, sagt mein verletztes Millaherz. Hässlicher Feuerlöscher. Hässlicher ...

Ich sehe ihm an, dass er sich überlegt, mich einfach stehen zu lassen und ich würde es ihm nicht verdenken. Und trotzdem kann ich nicht die Klappe halten. „Weißt du, Mädchen wie ich sehen vielleicht nicht aus wie Topmodels, aber dafür haben sie eben auch mehr in der Birne als nur Luxustäschchen und Klamotten. Solche findest du hier leider nicht." Ich verziehe mein Gesicht. „Ich frage also, weil wenn du sowas suchst, bist du hier falsch. Und bei mir sowieso."

Seine Augen funkeln wütend und als er jetzt spricht, ist all das weiche warme aus seiner Stimme verschwunden, das mir so gut gefallen hat.

„Nein, weißt du, Milla, auch Jungs wie ich haben was in der Birne", sagt er. „Dabei weiß ich gar nicht, wen oder was du damit überhaupt meinst. Ich habe jedenfalls noch nie in meinem Leben Golf gespielt. Dafür bin ich eigentlich hier, weil ich mit jemand, von dem ich dachte, dass sie genauso tickt wie ich, was Sinnvolles machen wollte. Weil ich dachte, du wärst cool. Ja, irgendwie habe ich gedacht, du könntest was Besonderes sein", sagt er. „Anders als die anderen. Endlich mal jemand, der sich nicht von Vorurteilen leiten lässt. Aber da hab' ich mich wohl getäuscht. Du bist ja sogar noch schlimmer." Bevor er sich umdreht, sehe ich die Enttäuschung, die nicht nur seine Augen, sondern sein ganzes Gesicht verdunkeln. Verdammt. In dem Moment, als er es ausspricht, wird mir plötzlich klar, dass er recht hat. Ich schäme mich für das, was ich gesagt habe, dass ich ihn für einen Geige spielenden Nerd gehalten habe, bevor ich ihn überhaupt kannte, und ihn, schlimmer noch, sogar noch tiefer in eine völlig falsche Schublade gesteckt habe, als wir uns dann wirklich begegnet sind. Bevor ich es mir anders überlegen kann, halte ich ihn am Ärmel fest.

„Warte."

Als er nicht reagiert, setze ich ein „Bitte!" hinterher.

Endlich schaut er mich wieder an.

„Du hast total recht", sage ich. „Es tut mir leid. Können wir nochmal von vorne anfangen?"

Als er nicht reagiert, rede ich einfach weiter, denn plötzlich will ich ihn unbedingt kennenlernen, schon allein, weil er mir so deutlich die Meinung gesagt hat. Ich könnte mich dafür ohrfeigen, dass ich mich so doof verhalten habe.

„Ich bin Milla. Camilla Forstbauer, um genau zu sein", plappere ich, weil es das einzige ist, was mir einfällt. „Ich bin manchmal ziemlich vorschnell unterwegs und ich mag Farben. Pink besonders. Was dir vielleicht schon aufgefallen ist." Ich versuche ein Lächeln. Es dauert einen viel zu langen Moment, in dem ich mir sicher bin, dass ich bei ihm schon längst verkackt habe, aber dann wird es in seinem Gesicht doch auch endlich wieder heller, als hätte sich die Sonne entschieden, wenigstens dort ein wenig zu scheinen. Mein Herz macht einen vorsichtigen Hüpfer vor Freude.

„Angenehm", sagt er und verbeugt sich formvollendet. „Ich heiße Titus. Titus Emanuel May. Komischer Name, ich weiß. Ich bin bei der freiwilligen Feuerwehr, seit ich zwölf Jahre alt bin, hasse Vorurteile, mag seit gestern erstaunlicherweise auch gern Pink und habe einen Bruder und eine Mutter, die echt gern über mich redet. Und über die Kinder von anderen. Und mit ihnen."

„Hab' ich auch", sage ich.

„Soll vorkommen", sagt Titus und zwinkert mir zu. Seine Mutter hat ihm anscheinend wirklich alles erzählt.

Ich bin erleichtert, dass er mir noch eine Chance gegeben hat, froh, dass wir den Tag miteinander verbringen können und überrascht, wie viele Gemeinsamkeiten wir haben. Ganz vorne mit dabei: ein ziemlich ähnlicher und schräger Humor.

Ich habe es zwar nicht erwartet, aber ich hatte vermutlich das allerschönste Wochenende meines Lebens. Titus und ich haben die Reflektoren aufgehängt, waren danach in der Skatehalle und am Sonntag im Thermalbad. Ich habe selten so viel gegessen, gelacht und geredet. Außerdem wusste ich bisher nicht, wie viele Schmetterlinge in einen einzelnen Bauch passen. Zumindest in meinen. Habe ich je gesagt, Jungs interessieren sich nicht für mich? Vielleicht bin ich wirklich eher unsichtbar für die meisten. Hauptsache, für den richtigen bin ich alles andere als das. Und das bin ich. Mein Herz hüpft seit zwei Tagen nicht mehr vorsichtig, sondern sehr übermütig. Ich bin einfach nur glücklich und froh, dass ich mich für diese schrille Haarfarbe entschieden habe, denn sonst hätte mich Titus vermutlich gar nicht erst entdeckt.

„Hey Bro, was willst du denn mit dem Feuerlöscher?", ruft Tom uns laut entgegen, als Titus neben mir am Montag in Richtung Schule läuft. Er dreht sich einmal um sich selbst und sieht sich übertrieben um, bevor er seinen Arm um mich legt. „Feuerlöscher? Keine Ahnung, wovon du sprichst, Mann. Das hier ist jedenfalls Milla." Er zieht mich ein bisschen näher an sich heran. „Und übrigens, Tom: Feuerlöscher sind rot. Das hier ..." Er zupft eine Haarsträhne aus meinem Pferdeschwanz und wickelt sie um seinen Finger. „Das hier ist Pink. Und Pink ist das neue Cool. Oder warte, noch besser: Anders ist das neue Pink! Nein, ich glaube ... jetzt habe ich es: Ich glaube, Pink ist das neue ... Pink! Ist auch völlig egal. So oder so: Pink ist jedenfalls immer eine gute Wahl." Er zwinkert mir zu, während Tom ihn entgeistert anstarrt.

„Spinner", sage ich und muss lachen.

„Angenehm", antwortet Titus und lacht ebenfalls.

schmetterlingsfußball

ARNE RAUTENBERG

auf dem linken flügel
hat der schmetterling drei punkte
auf dem rechten flügel
hat der schmetterling drei punkte

sechs punkte hat der schmetterling

sechs punkte sind
eine wirklich gute ausbeute
für zwei punktspiele in der luft

damit steht der schmetterling
in der tabelle so weit oben

dass er aufsteigt

Yallah, Habibi – Immer am Ball bleiben

ULRIKE WÖRNER INTERVIEWT FADI SAAD

Ulrike: Fadi, wenn man dich bei deinen Veranstaltungen erlebt, dann sind das nicht die typischen Lesungen. Natürlich liest du auch aus deinem Buch, vor allem aber erzählst du viel und diskutierst mit den Jugendlichen. Und du stellst dich als *Deuraber* vor. Wenn du einen Deuraber mit fünf Begriffen beschreiben solltest ...

Fadi: Natürlich hübsch, stark (lacht), Kulturmix eben. Hm – das ist schwierig, das in fünf Begriffe zu stecken.

U: Wie würdest du es denn dann gerne beschreiben? Klar, in dem Wort „Deuraber" steckt Deutscher und Araber, aber da steckt ja sicher mehr dahinter.

F: Wenn mich jemand fragt, woher ich komme, merke ich, dass das immer nach dem Aussehen geht. Ich sage: „Ich bin Berliner." Aber das interessiert die Leute nicht, denn ich seh' nicht aus wie der klassische Deutsche, denn dann kommt gleich die nächste Frage: „Ja, aber woher kommen deine Eltern?"
Wenn ich aber antworte: „Ich bin Araber", dann belüge ich mich selber und auch mein Gegenüber. Ich war gerade zwei Mal zu Besuch im Libanon oder auch in Syrien. Es hat sich fremd angefühlt und auch dort hat man mich gleich gefragt: „Woher kommst du?" Und noch was stört mich. Es gibt 26 Länder beziehungsweise Gebiete auf zwei Kontinenten, in denen man arabisch spricht. Wenn ich also sage „Ich bin Araber", fragt mich kein Mensch: „Aus welchem Land kommst du?" Darum habe ich diesen Begriff gewählt, der mich und auch viele Jugendliche hier in Deutschland beschreibt. Wir sind Deutsch-Araber*innen. Und wir sprechen auch diese

Sprache, *Deurabisch: Yallah, kommst du mit al beit* (Los, komm mit nach Hause!) und so, du weißt schon. Nicht weil wir doof sind, sondern weil wir so aufgewachsen sind.

Und ich hör von beiden Seiten ständig Sätze wie, „Mann, bist du deutsch geworden" oder „Du bist so'n typischer Araber" – je nachdem, was man gerade sagt oder wie man sich verhält.

U: Und wie geht's dir damit? Nerven dich solche Aussagen oder langweilen sie dich inzwischen?

F: Nee, nee. Ich find das interessant. Ich beobachte immer, in welchen Situationen man mir das sagt. Wenn ich zum Beispiel zu meiner Familie sage: „Nach 20 Uhr ruft mich keiner mehr an. Nur, wenn es ganz wichtig ist." Dann heißt es gleich: „Alter, du bist so'n typischer Deutscher." Wenn ich meinen Kollegen Essen mitbringe, dafür aber kein Geld einsammel, dann sagen sie: „Das hätte ein Deutscher jetzt nicht gemacht." Das sind so die Themen: Pünktlichkeit und Gastfreundschaft. Aber kann man das immer so sagen? Beim Thema Zusammenhalt heißt es ja auch: „Ihr Ausländer haltet immer zusammen." Aber, um was geht es da? Um die Familie oder um eine Schlägerei? Ich kenne deutsche Familien, die halten zusammen – so gut wie oder sogar mehr als arabische. Und es gibt arabische Familien, da gibt es kaum einen Zusammenhalt. Wichtig ist doch, dass man sich füreinander interessiert, sich trifft – und zwar nicht nur zu besonderen Anlässen wie Hochzeiten oder Beerdigungen.

U: Ja, das ist ein allgemeines Problem.

F: A propos Beerdigung. Da ist der Unterschied wirklich krass. Wenn bei uns jemand stirbt, sind das öffentliche Veranstaltungen, oft mit Hunderten von Trauergästen und der Ablauf ist immer gleich. – Die christlichen Beerdigungen sind sehr viel persönlicher, manchmal will die Familie unter sich sein und gar keine Gäste. – Und man erfährt viel über den oder die Verstorbene. Was für ein Mensch war das? Man sieht, ob er oder sie einsam war oder viele Freunde hatte.

So eine Beerdigung sagt viel über die Verstorbenen aus. Ganz besonders, wenn überhaupt gar niemand kommt.

U: Eine komplett andere Trauerkultur.

F: Ja, und das zeigt auch, wie wenig wir eigentlich die andere Kultur jeweils kennen. Darauf basieren ja viele Missverständnisse und Streits. Durch meine Frau, die Christin ist, habe ich da viel kennen gelernt.

U: Was zum Beispiel?

F: Naja, einer der größten Fehler ist meines Erachtens die Gleichsetzung von Religion, Tradition und Kultur. Sicher liegt das alles nahe beieinander, aber man muss doch auch differenzieren. Allein die Frage: Christentum oder Islam, was ist besser? Das ist doch keine Frage, die du so stellen kannst. Das sind ja keine Fußballvereine, wo du sagst, heute bin ich für den und morgen dann aber für den und wechsle mein Trikot wie's mir passt.

U: Abgesehen, dass solche Fragen sowieso Unsinn sind, sollte man sich ja auch ein bisschen mit der jeweiligen Religion auskennen, bevor man darüber diskutiert.

F: Das ist es ja. Dieses Halbwissen. Oft ist es ja nicht mal das. Das sind dann keine Diskussionen. Ich breche diese Diskussionen meistens ab. Mein Vater hat immer gesagt: diskutiere nie über Politik, Religion oder Fußball (lacht).

U: Dann lass uns noch ein bisschen über dich sprechen. Welche Musik hörst du gerne?

F: Ah – arabische Musik, also Pop und Liebeslieder, RnB und gerne auch Deutsch-Rap, aber nicht so gewalttätigen Kram.

U: Wie kam es dazu, dass du Bücher geschrieben hast?

F: 2006 war ich nach den Unruhen in den Vorstädten von Paris mit Angela Merkel und einer Delegation in Frankreich und eine Berliner Zeitung berichtete darüber: „Von Neukölln in den Élysée-Palast", danach hat mich der Herder Verlag angerufen. Ich hab' gedacht, die wollen mich veräppeln und als ich es meiner Frau erzählte, hat die mich erstmal ausgelacht: „Du hast doch kaum ein Buch gelesen und jetzt willst du eins schreiben." Irgendwie stimmt das ja. Lesen war für mich immer wie eine Strafe. Das hatte was mit Schule zu tun. Meine Mutter hat uns zwar Geschichten erzählt, aber Bücher vorlesen oder selbst ein Buch in die Hand nehmen? Das kannte ich so nicht. Ich musste also erst mal überlegen, wie schreibt man denn ein Buch. Und, für wen soll das Buch überhaupt sein? Für Jugendliche oder für Erwachsene? Und dann habe ich mich entschlossen, es so zu schreiben, wie ich spreche: keine Fremdwörter, keine Fachbegriffe, nur um irgendwie intellektuell zu wirken. Es sollte Spaß machen und es sollte sich jeder darin irgendwie wiederfinden können und sagen: Ja, die Geschichte ist mir so ähnlich auch passiert. Also Themen wie Liebeskummer, Wut und so ne Geschichten. Und zwar ganz egal ob du deutsch bist, arabisch oder sonstwas.

U: Dein erstes Buch *Der große Bruder von Neukölln* hat den Untertitel: *Vom Gangmitglied zum Streetworker.* Und du sagst selber von dir, dass du eine turbulente Jugend hattest. Was bedeutet turbulent und was bedeutet Gangmitglied?

F: Diesen Untertitel mit dem Gangmitglied bereue ich ehrlich gesagt. Weil man da inzwischen gleich an organisierte Kriminalität denkt. Das war bei mir nicht der Fall – und das ist schon ein himmelweiter Unterschied. Und was bedeutet *turbulent?* Hm ja, normalerweise geht man zur Grundschule, dann macht man die weiterführende Schule, vielleicht Abitur und studiert was Schönes – das wäre ein normales Leben. Bei mir war's so: Grundschule und dann habe ich vier weiterführende Schulen besucht – ich bin immer wieder negativ

aufgefallen und von der Schule geflogen. Aufgewachsen bin ich in einem *sozialen Brennpunkt* im Berliner Wedding, wie man heute dazu sagt. In den 1990er Jahren war ja die Zeit von Breakdance, Graffiti und Clubs. Wir hingen ständig draußen rum, natürlich ohne Handys oder so. Und klar, da waren auch Mädels und die Harten und Coolen waren da natürlich beliebter als die Fleißigen oder Streber. Das mal so nebenbei. In meinem Kiez waren hauptsächlich türkische Jugendliche und plötzlich habe ich zum ersten Mal auch arabische Jugendliche kennen gelernt. Die Jungs sind nicht in Deutschland aufgewachsen, sondern kamen aus Kriegsgebieten. Die haben Sachen erzählt, von denen ich noch nie gehört hatte. Meine Eltern erzählten immer, dass es im Libanon so schön sei und so. Alles sei traumhaft. Und diese Jungs haben von Kämpfen, vom Krieg und all so was berichtet. Da dachte ich, ey, da will ich dazu gehören. Ich wollte unbedingt in diese Gang rein. Aber nicht, weil ich unbedingt kriminell sein wollte, sondern weil ich eben dazu gehören wollte. Weißt du, da war viel Gemeinschaft, da gab's Breakdance Battles, die Freitagsdiscos im Jugendclub. Da gab's natürlich auch Jungs, die viel Mist gebaut haben, andere abgezogen haben und so. Das will ich gar nicht herunterspielen. Für mich hat das irgendwann in den Jugendarrest geführt. Gottseidank. Da habe ich begriffen, was es bedeutet, in einer Zehn-Quadratmeter-Zelle das Wochenende zu verbringen.

U: Und was war mit deinen Eltern, deiner Familie, was hat die dazu gesagt?

F: Ich hatte Unterstützung von meiner Familie. Bei so was ist der familiäre Background total wichtig. Wenn jemand mit dem Rauchen aufhört, braucht er ja auch Ersatz. Kaugummi, Akkupunktur, was weiß ich. Ein Jugendlicher, der aus einer Gang austritt, braucht das auch. Wer gibt ihm danach Anerkennung oder Wertschätzung, die er dort gesucht hat? Das wird so oft unterschätzt. Ich hab's aber geschafft. Hab' meinen Schulabschluss gemacht, eine Ausbildung, hab' meine Schulden bezahlt und bin dann durch Zufall in der

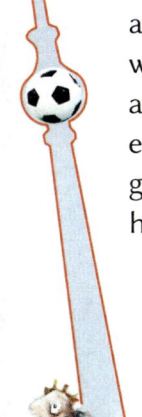

Sozialarbeit gelandet. Und diese ganzen Erfahrungen haben geholfen, dass ich später dann auch Jugendlichen helfen konnte, ich konnte ja wirklich sagen: „Ich weiß, was es heißt, Schulden zu haben oder keine Anerkennung zu erfahren."

U: Dadurch wurdest du sicher ganz anders respektiert.

F: Ja, klar. Aber Respekt bedeutet ja auch andersherum, dass ich die Jugendlichen insofern respektvoll behandle, dass ich sie nicht die ganze Zeit belehre: du darfst dies nicht, du darfst das nicht. Die wissen ja ganz genau was richtig oder falsch ist. Wichtig ist, dass ich ihnen zuhöre und helfe, den richtigen Weg zu finden, wenn sie selber dazu bereit sind.

U: Respekt, Toleranz, Wertschätzung – was machst du, damit das nicht Worthülsen bleiben?

F: Immer wieder bei meinen Lesungen kommen hinterher Jugendliche und sagen zu mir: „Fadi, ich werde mein Leben ändern." Ich antworte dann immer: „Und ich will Taten sehen." Denn jeder, der will, findet auch einen Weg. Wer nicht will, sucht nach Gründen. Und wenn sie mir irgendwann ihr Schulabschlusszeugnis schicken, dann fahre ich auch mal zu einer Abschlussfeier. Die Jugendlichen wollen ja jemanden haben, den sie stolz machen können. Das bedeutet ihnen so viel.
Letztendlich brauchen wir nicht immer nach der Politik rufen, wenn was schiefläuft. Vieles ist ja ein gesellschaftliches Problem, darum kann auch der oder die Einzelne dazu beitragen, dass sich ein bisschen was verändert, ein bisschen was verbessert. Jeder in seinem Bereich. Nicht wegschauen, sondern hinschauen.

Simson und die Liebe

FINN-OLE HEINRICH

Meine Großmutter Zwergula ist gar nicht meine echte Großmutter, ich habe sie adoptiert. Sie ist die Schwester meiner eigentlichen Großmutter, aber die ist schon lange tot. Gestorben, bevor ich geboren war. Außerdem ist Zwergula wirklich adoptiert, also nicht nur von mir, sondern auch von ihren Eltern, meinen Urgroßeltern, die ich natürlich kein bisschen kenne, ich habe nur mal zwei uralte Fotos von ihnen gesehen. Angeblich lag Zwergula eines Sommermorgens einfach vor der Tür zum Innenhof des kleinen Häuschens meiner Urgroßeltern und strahlte meine Mutter an, die gerade zum Wäscheaufhängen in den Morgen getreten war. Naja, darum geht es eigentlich gar nicht, ich wollte nur sagen, dass meine Großmutter Zwergula schon an sich eine irgendwie besondere Frau ist, ich habe sehr viel von ihr gelernt.

Wusstest du zum Beispiel, dass man ungefähr alle zehn Jahre einen Zaubertrank brauen kann? Als normaler Mensch? Dafür reicht die Zauberkraft eines durchschnittlichen Menschen nämlich absolut aus, das weiß nur keiner, aber es ist so. Es ist doch eigentlich auch logisch, wenn man mal drüber nachdenkt, dass es nicht Magier, Zauberer, Hexen und Druiden auf der einen Seite gibt und dann dumpfe, plumpe Menschen auf der anderen, die einfach gar nichts können, außer quatschen, kneten, essen, rülpsen. Natürlich können alle Menschen zaubern. Magier, Hexen und Konsorten sind nur einfach besonders begabt, besonders trainiert, besonders ausgebildet. Es ist wie mit Lesen oder Mathematik. Manche könnens besonders gut, es fällt ihnen besonders leicht und andere tun sich verflucht schwer, aber in groben Zügen kann es eigentlich so gut wie jeder lernen. Aber man muss es schon lernen, von selber kommt man nur bei einer wirklich ungeheuer exorbitanten Begabung darauf.

So ungefähr ist das mit dem Zaubern auch, nur etwas komplizierter und geheimnisvoller und verschütteter. Das hat übrigens damit zu tun, dass das Zaubern denjenigen, die nicht zaubern können (oder glaubten, gar nicht zaubern zu können) schon immer sehr viel Angst gemacht hat. Sie haben deshalb alle Zauberkundigen im Mittelalter gejagt und verfolgt, ihnen das Zaubern verboten und die meisten von ihnen umgebracht. Es war eine schreckliche, dunkle Zeit, in der die Menschheit und die Welt viel wundervolles, uraltes Wissen verloren hat. Aber auch das ist eine andere Geschichte …

Jedenfalls kommt eigentlich kein Mensch vollkommen ohne Zauberkräfte zur Welt, klar. Dass du ein kleines bisschen zaubern kannst, hast du bestimmt schon mal irgendwann erlebt. So ganz kleine magische Momente kennt eigentlich jeder. Angeblich bildet man sich die nur ein oder es sind irgendwelche achwiekomischen Zufälle. Aber nein, das ist Magie, kannst du mir ruhig glauben. Wenn du zum Beispiel sehr doll an jemanden denkst und er dich im nächsten Moment anruft, dann ist das die unterste Stufe von Telepathie und kein wahnsinniger Zufall des unerklärlichen unendlichen Universums. Oder hast du schonmal etwas geträumt, was später so oder sehr ähnlich eingetroffen ist? Na bitte. Sowas passiert selten, stimmt schon, und das ist eben die Sache.

Einfache Leute wie du und ich, wir sind eben weder ausgebildet, noch sonderlich magisch begabt und das ist vielleicht auch ganz okay so. Unsere Zauberkräfte sind unterentwickelt, es braucht Ewigkeiten, bis wir genug Zauberkraft in uns aufgespart haben, um einen wenigstens winzigkleinen Zauber auszuführen – aber es ist möglich. Über die Jahre staut sich in wirklich jedem von uns ein gewisses Maß an Zauberkraft an – und dann kann man diese Kräfte eben nutzen, wenn man weiß wie …

Und dieses Wissen habe ich meiner Großmutter Zwergula zu verdanken, die auch nur eine ganz normale Frau war, keine Hexe, keine Magierin, nur eine Frau, die sehr gut denken konnte und unglaublich viel wusste, probierte, schmeckte und fühlte.

Bevor es jetzt gleich los geht mit meiner eigentlichen Geschichte, musst du noch wissen, wo und wie ich wohne und was mein größter Wunsch ist. Naja, vielleicht musst du das nicht unbedingt alles wissen, aber du verstehst dann die Tragweite und die Tragik meiner Geschichte besser. Also, ich lebe in einem kleinen Dorf, das umgeben ist von kleinen Hügeln, wenigen Straßen, einem Fluss und vielen Wiesen und Äckern. Ich habe schon immer hier gewohnt und nie woanders, bin hier geboren, hier geblieben und aller Voraussicht nach werde ich auch hier sterben. Es ist, wie gesagt, ein sehr kleines Dorf, man hat keine riesengroße Auswahl. Nicht, was Freunde angeht, nicht, was die Berufswahl angeht und auch nicht, was die Liebe angeht.

Ich habe das Glück, ein paar gute Freunde gefunden zu haben und einen Job ausüben zu dürfen, der mich einigermaßen ernährt und sehr glücklich macht (ich bin Holzbildhauer), nur mit der Liebe ist es schwer. Es gibt ein Mädchen, das ich seit Jahr und Tag, seit wir in der ersten Klasse zusammen eingeschult wurden, bewundere, verehre und, ja, liebe. Sie heißt Amanda und ist ein zauberhaftes Wesen. Also, wenn ich zauberhaft sage, dann meine ich das jetzt nicht in einem magischen Sinne, jedenfalls nicht in dem Sinne, in dem ich vorhin von Magie und Zauberei sprach, obwohl es daran grenzt. Amanda glüht und leuchtet mehr als alle Menschen, die ich kenne. Sie ist einzigartig wunderbar und vollgestopft mit Leben, ich kann es gar nicht beschreiben. Um sie jedenfalls geht es und meine Gedanken drehen sich seit der ersten Klasse jeden Tag zu schätzungsweise zweiundachtzig Prozent um sie und wie ich ihr Herz erobern könnte. Leider bin ich von Natur aus ein sehr schüchterner Mensch und fange an zu stottern und Blödsinn zu reden, sobald mir irgendwas wirklich wichtig ist. Ich bin ein ganz normaler, vollkommen durchschnittlicher Mensch und wie alle Menschen will ich geliebt werden.

Ich wohne alleine in dem kleinen Häuschen, das ich von meiner Großmutter Zwergula vor einigen Jahren geerbt habe, aber ich kriege häufig Besuch, manchmal von meinen Freunden, oft von

Spatzen, Uhus, Schwalben und Mauerseglern, die allesamt irgendwo in den Wipfeln der Bäume oder unter dem Dach wohnen, täglich von den zwei wilden Katern Raubein und Kasimir, die so etwas wie die Dorfpolizei darstellen und mehrmals täglich vom Hund meines Nachbarn Tomislav, dem alten Zottelbär Simson, der es sich irgendwie zur Aufgabe gemacht hat, mindestens vier Mal am Tag in meinen Garten hinüberzutrotten, seine Nase in das zerbrochene Kellerfenster zu stecken und dann zwei, drei Minuten lang in die kühle Kellerfeuchtigkeit zu kläffen. Ich weiß nicht, was er damit bezweckt, aber es ist eine Art wichtige Lebensaufgabe für ihn, scheint mir, und ich habe nichts dagegen. Ich mag es, wenn ich Simson höre, ich stelle mir dann immer vor, dass er sich mit irgendwem unterhält oder wenigstens Ratten und Mäuse verscheucht.

Wenn du einen Trank brauen willst, einen Zaubertrank, dann kannst du dazu deine Augenbrauen benutzen, auch Barthaare gehen ganz gut, wenn du welche hast. Oder Haare, die aus Warzen oder Muttermalen sprießen. Erstaunlich gut ist Zahnbelag geeignet, du schabst ihn mit dem Fingernagel ab und sammelst ihn in einem kleinen Gefäß. Das erfordert Geduld, denn du brauchst für einen kräftigen Trank eine ganze Menge, das dauert Wochen, Monate, wenn du ein Zähneputzer bist, kann es Jahre dauern. Aber wie gesagt: es dauert sowieso Jahre, bis sich in deinem normalen Menschenkörper genug magische Energie angesammelt hat, insofern ist das nur eine Frage der Disziplin.

Du musst dir halt alle zwei, drei Tage die Zähne abschaben, das dauert ein paar Minuten … Aber es lohnt sich. Zahnbelag ist gut, er speichert die frei in deinem Körper herumdiffundierenden Magie-Moleküle überraschend gut. Für einen kräftigen magischen Trank brauchst du ungefähr drei Teelöffel voll. Du musst ihn gut trocknen, etwa in der prallen Sonne auf der Fensterbank oder auf der Heizung, zur Not geht's auch im Ofen, aber da musst du sehr aufpassen, dass er dir nicht verkohlt. Langsames Trocknen bei relativ niedriger Temperatur, du willst deinen magischen Zahnbelag nicht backen, alles klar? Wenn er trocken und hart ist, musst du ihn sehr fein mahlen, dadurch löst sich die magische Kraft am effektivsten, außerdem lässt er sich so am besten verarbeiten.

Mein Trank war – du kannst es dir schon denken – ein Liebestrank. Mein Zahnbelag war voller Liebesmagie, denn bei ungeübten, schlecht oder gar nicht ausgebildeten Zauberern lässt sich die im Körper über die Jahre angestaute Magie nicht lenken. Wenn du der Zauberkünste mächtig bist, erholen sich deine Magie-Reserven um ein Vieltausendfaches schneller als bei Nichtmagiern, und du kannst die Magie-Moleküle lenken, also zu allen möglichen Zwecken ein-  setzen. Dazu brauchst du dann allerdings viel Wissen und Übung, Zaubersprüche, magische Rituale und weitere, ganz besondere Zutaten und Rezepte oder was auch immer. Wir einfachen Menschen zaubern ja sozusagen auf der einfachsten Stufe. Wir braten ein Spiegelei, während ein Zauberer ein Zehngängemenü auftischt, wenn du verstehst, was ich meine.

    Ich hätte also gar keinen anderen als einen Liebeszaubertrank brauen können. Wenn dein größter Wunsch ist ... sagen wir: unsichtbar zu sein und du zehn Jahre lang jeden Tag daran denkst, wie es wäre, wenigstens für einen kurzen Moment einmal unsichtbar zu 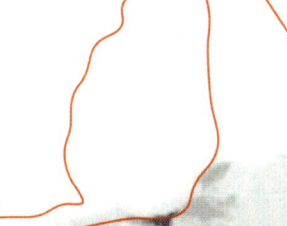 sein, dann werden sich deine Magie-Moleküle mit eben genau dieser Kraft aufladen und wenn du sie gut einfängst, trocknest, verreibst und dann einen anständigen Trank zusammenbraust und einnimmst, wirst du vielleicht für ein paar Sekunden, Minuten oder vielleicht sogar für ein knappes Stündchen unsichtbar werden. Verstehst du? Aber mit Unsichtbarkeitsmolekülen in deinem Zahnbelag oder deiner Barthaarspitze wirst du keinen Liebestrank brauen können und auch kein Flugserum. Checkst du?

Ich schreibe übrigens „Trank", weil die meisten Menschen bei Zauberei an Tränke denken. Dabei ist es natürlich ziemlich egal, in welcher Form du deine Magie-Moleküle letztendlich verarbeitest. Wichtig ist, dass und wie du sie verarbeitest und wie du das dann entstandene Präparat einsetzt. Tränke sind oft gut und praktisch und auch relativ leicht herzustellen, aber keineswegs die einzige Möglichkeit, den angestrebten Zauber zu entfalten. Ich hatte mich für einen Hefezopf entschieden. Schließlich musste ich Amanda dazu bringen, meinen Zauber-Zahnbelag zu sich zu nehmen, und ich konnte schlecht an ihre Tür klopfen und ihr sagen, sie solle doch bitte mal dieses kleine Fläschchen mit dem merkwürdig trüb schimmernden Inhalt leeren.

Ein Hefezopf war da bei weitem besser geeignet, dachte ich. Ich könnte sie zum Kaffee einladen oder ihn ihr einfach mit einer kleinen Nachricht vor die Tür legen, klingeln und wie immer feige davonrennen. Es würde hunderte Möglichkeiten geben, ihr meinen Hefezopf schmackhaft zu machen, auch wenn wir, obwohl wir uns schon so lange kannten, kaum mehr als vielleicht zwanzig Worte miteinander gewechselt hatten.

Wenn du einen „Trank" oder Zopf oder wasauchimmer herstellst, ist es vor allem wichtig, dass du dich an die oben erwähnten Sachen hältst, also: gut trocknen (ob Barthaar oder Zahnbelag) und fein reiben. Und dann ist eigentlich nur noch eine Sache wichtig: Du musst dich bei der Verarbeitung extrem auf dein Ziel konzentrieren.

Während ich also den Teig für meinen Hefezopf knetete, malte ich mir ein gemeinsames Leben mit Amanda aus, ich knetete all meine Liebe, all meine Wünsche und Träume in diesen Teig hinein und anschließend sah ich ihm eine knappe Stunde beim Aufgehen in der Wärme meines Kachelofens zu. Ich dachte an nichts anderes als Amanda. Amanda und mich. Am Morgen, zu Mittag, am Abend und in der Nacht, im Winter, im Frühjahr, im Herbst und im Sommer. Wie wir lachten, wie wir küssten, wie wir Kinder bekommen würden. Wie ich ihr Himbeeren aus der Hecke pflücken und in ihren wundervollen zartrosafarbenen Mund stecken würde, wie wir im Grün der Wiesen liegen und in den Himmel glotzen würden, schwindelig vor Liebe.

Mein Teig ging auf wie selten ein Teig zuvor mir gelungen war, ich flocht den Zopf und schob ihn in den vorgewärmten Ofen, sah ihm auch in der heißen Röhre beim Werden und Gedeihen zu, schob all meine Träume und Gedanken zu ihm, in ihn hinein. Bestrich ihn schließlich noch mit Ei, bestreute ihn mit Mandelblättern und stellte ihn zum Abkühlen auf die Fensterbank und ging schließlich duschen. Ich war ganz mitgenommen und leicht verschwitzt von meiner Aufregung und der aufgebrachten Gedankenkraft. So wollte ich Amanda meinen Liebeszopf nicht überbringen ...

Unter der Dusche träumte ich meine kleinen, bunten, liebevollen Träume weiter, trällerte alle Liebeslieder, die ich kannte vor mich hin und freute mich unendlich über den zauberhaften Hefezopf, der mein Leben verändern würde. Elfeinhalb Jahre hatte ich auf diesen Moment, diesen Zopf, diese magische Begebenheit hinge- fiebert, hatte gesammelt, gespart, gestaut und geschabt. Jetzt war es endlich so weit und mein Leben stand vor der Veränderung, auf die ich soso lange hingearbeitet hatte. Ich seifte mich ein mit meiner besten Seife, cremte mich mit meiner erlesensten Creme, zog meine besten Kleider an und nahm sogar ein bisschen Orangenöl und zwei Tropfen Patschuli, in der Hoffnung, dass auch mein Geruch meiner zukünftigen Liebsten gefallen würde.
Dann schritt ich mit prickelnden Beinen die Treppe hinab in die Küche und sah: das aufgestoßene Fenster, das zu Boden geworfene Tablett – und keinen Zopf. Nur ein paar Krümel waren noch zu sehen, aber auch die wurden sekündlich weniger, denn ein paar Spatzen hatten sich in die Küche gewagt und pickten auf dem Boden nach den Resten. Noch nie waren die Spatzen im Inneren meines Hauses gewesen, allein der Duft meines Hefezopfes musste sie derart betört haben, dass sie nun hier vor mir auf dem Boden aufgeregt hin und her trippelten und nach den letzten Resten meines Zauberzopfes pickten. Mein großer, lebensverändernder Zopf war weg, ratzeputz verschwunden. Unmöglich, dass diese paar winzigen Vögelchen, klein wie Mandarinen, einen ganzen Hefezopf verdrückt hatten.

Ich riss das Fenster auf und steckte den Kopf in den Tag, da sprang der alte Simson mir sogleich von unten an den Hals und leckte mich überschwänglich ab.

Ich ahnte Böses. Konnte das wirklich sein? Sollte das das traurige Ende meiner großen, zauberhaften Liebesgeschichte sein? Ich setzte mich auf die Fensterbank, genau auf die Stelle, an der eben noch der Hefezopf auskühlen sollte. Von hinten spürte ich den in die Höhe und liebevoll nach mir schnappenden Hund, und vor mir tänzelten die kleinen, sonst scheuen, heute handzahmen Vögelchen. Vollkommen entleert und kraftlos saß ich da und wusste nicht weiter. Die Spatzen hüpften auf meine noch nackten Füße und rieben ihre kleinen Schnäbelchen seitlich an meiner Haut, dass es kitzelte, dann kletterten sie an meinem Bein herauf und trippelten meiner Brust entgegen, während Simson sich auf die Hinterbeine gestellt hatte und mir mit seiner alten, rauen Zunge mein einziges gutes Hemd ableckte. Ich wusste nicht, wie mir geschah, was hier eigentlich genau vor sich ging. In meinem Kopf zerfielen alle Pläne.

All die Bilder von gemeinsamen Strandspaziergängen, der Einschulung unserer Kinder und den langen Abenden vor meinem Kamin mit Kakao und selbstgebackenen Keksen verwehten eins nach dem anderen. Die Nähe der Tiere in diesem Moment erschien mir zunächst ... freundlich, zärtlich, tröstend. Als spürten sie meine Trauer, meine richtungslose Verzweiflung, und wollten mir Beistand leisten. Aber nach einer Weile spürte ich, dass es mehr war als das. Ich sah das verrückte Glühen, das leidenschaftliche Brennen in den Augen des alten Simson, der mich auf Schritt und Tritt verfolgte, wie ein junger, liebestoller Kater eine rollige Katze. Ich wurde ihn nicht los, er hechelte, sabberte und stieß mich mit seiner nassen Schnauze an, er wischte um meine Beine, suchte meine Nähe, sprang mich an, dieses riesige Kalb von einem Hund, bellte mich an in nie jemals von ihm vernommenen Tonhöhen und leckte mich ab, wo er mich mit seiner Zunge erwischte.

Und die kleine Wolke von Spatzen wich ebenfalls nicht von meiner Seite. Sie kreisten um meinen Kopf wie Geier in einer Wüste über dem Aas, sie setzten sich liebesblind auf meine Schultern,

wuschelten in meinem Haar, zwitscherten vorsichtig in meine Ohren und brachten mir immer wieder Schnäbelchen voller Würmer und Insekten, die ich dankend ablehnte. Ich vertrieb sie immer wieder mit der Hand, aber die kleinen Vogelwesen ließen sich nicht beirren, genauso wenig wie Simson, den ich anschreien oder gar mit meinen Pantoffeln bewerfen konnte, wie ich wollte: er hatte es auf mich abgesehen. Er war ... in mich verliebt.

Er musste das Fenster aufgedrückt und sich den ganzen Hefezopf einverleibt haben. Und das hatte ich nun von meinen Zauberkräften: sechs Spatzen und einen alten, stinkenden Köter, die allesamt völlig außer Rand und Band waren und mich für die Erfüllung all ihrer Sehnsüchte auserkoren hatten. Ich hatte wirklich schlicht und ergreifend ganz schön Pech gehabt. Offenbar war mein Zahnbelag außerordentlich reich an Magie-Molekülen gewesen und mein Hefezopf entsprechend wirksam – ich will es kurz machen, auch heute, dreieinhalb Jahre nach dem Hefezopfvorfall ist keine Besserung in Sicht. Simson verfolgt mich weiterhin mit vor unerfüllter Liebe tränenden Augen und steigt mir nach, woauchimmerhin ich unterwegs bin, er drängt sich zu mir ins Auto, wenn ich in die Stadt fahre, er verfolgt mich durch den Garten, versucht mir nach in die Apfelbäume zu klettern und neulich hat er mich auf dem Dachboden erschreckt, keine Ahnung, wie er es geschafft hat, dort heraufzukommen. Er muss die schmale Holzleiter hinaufgestiegen sein, was für einen Hund, noch dazu einen so alten, nahezu ein Ding der Unmöglichkeit sein sollte.

Aber die Liebe scheint vieles möglich zu machen, das man sonst für unmöglich hält. Er schläft vor meinem Haus, die ganze Nacht, bei jedem Wetter und singt mir zum Einschlafen unter meinem Fenster die traurigsten und schönsten Hundelieder vor, die man sich denken kann. Wann immer er einen offenen Spalt findet, versucht er sich hindurchzuzwängen und im Hausinneren einzunisten, sich zu mir zu legen, auf mich, und sich an mir zu reiben. Unzählbare Male wurde ich in der Nacht davon wach, dass der große Hund sich schnaufend auf mich gelegt hatte und mich herzte, sich an mir rieb und mir seine körperliche Zuneigung zu vermitteln versuchte.

Die Spatzen scheint es nicht ganz so schwer getroffen zu haben, sie umkreisen mich, wann immer ich das Haus verlasse, aber sie verbringen die Nächte bei ihresgleichen. Sie singen mir oft Lieder und bringen mir kleine Geschenke, Federn, Steinchen, glitzernde Scherben. Sie scheinen verstanden zu haben, dass ich mit Insekten und Würmern nichts anzufangen weiß.

Im Dorf bin ich verschrien. Man macht sich hinter vorgehaltener Hand lustig über mich. Der mit den Tieren. Als sei ich eine verrückte Katzenfrau, die mit Menschen nicht kann, aber mit zweiundfünfzig Katzen zusammenlebt. So ist es nicht, natürlich nicht. Tomislav hat sich tausendfach entschuldigt und ich habe immer nur mit den Schultern gezuckt. Er muss verrückt geworden sein, sagte er und breitete die Arme entschuldigend aus. Er hatte mich gefragt, ob ich wolle, dass er seinen lieben alten Hund einschläfern lasse, aber das bringe ich nicht übers Herz, es ist nicht seine Schuld. Ich habe gezaubert und hätte besser auf den Zopf aufpassen müssen.

Dass ich vom Hund verfolgt werde und von Spatzen umschwärmt bin, belustigt die meisten Leute. Manche Kinder rufen mir auf der Straße Sachen hinterher und ein paar junge Männer beleidigen mich zuweilen, in den Geschäften bin ich nicht gern gesehen, aber die meisten Frauen reagieren mit freundlichen Blicken, sie denken wohl, ein Mann, der von Tieren gemocht wird, kann kein schlechter Charakter sein.

Leider hat Amanda sich nicht davon beeindrucken lassen und den reichen Jaroslav geheiratet. Vielleicht ist das meine Strafe. Großmutter hatte mir das Zaubern gezeigt, aber sie hatte gesagt, dass es nicht rechtens sei, Menschen gegen ihren Willen und ohne ihr Wissen zu verzaubern. Ich hatte mich nicht daran halten wollen, weil meine Sehnsucht danach, von Amanda geliebt zu werden, so schrecklichfürchterlich in meiner Brust brannte wie sonst nichts jemals zuvor. Heute kann ich diese Sehnsucht tageintagaus in den glühenden Augen des stinkigen Riesenköters Simson sehen. Und in ungefähr sieben Jahren kann ich einen zweiten Trank brauen. Ich weiß noch nicht, was ich dann zaubern werde. Vielleicht muss ich die Tiere befreien. Oder mich von den Tieren befreien. Oder vielleicht werde ich einfach eine halbe Stunde fliegen. Mit meinen Freunden, den Spatzen. Mal sehen, es ist ja noch Zeit.

Jetzt übernimmst du die Regie

Suche dir eine Geschichte oder ein Gedicht aus dem Buch aus.

Welche Wörter werden zu Bildern in deinem Kopf?

Was bewegt dich? Ein Schmetterling, ein Kamelmund? Die Liebe?

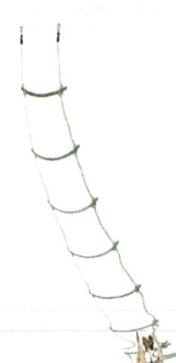

Zeichne dein Storyboard in der richtigen Reihenfolge.

Wird es ein Comic?

Alles auf einmal?

Wird es ein Videoclip?

Oder ein Theaterspiel?

Nachwort

Liebe Leser*innen,

nun, da wir fast am Ende dieses Buches angelangt sind, wollen wir erklären, was der Hausacher LeseLenz ist, warum es dieses Buch gibt und weshalb wir es exakt so gemacht haben, wie es nun vor euch liegt.

Der Hausacher LeseLenz – Wie alles anfing und wie es heute ist

Als der Hausacher LeseLenz 1998 mit sage und schreibe 13 Zuschauer*innen zum ersten Mal stattfand, konnte sich niemand vorstellen, dass daraus eines der wichtigsten Literaturfestivals im deutschsprachigen Raum mit jährlich rund 70 Mitwirkenden und mehreren Tausend Besucher*innen werden würde.

José F.A. Oliver, der zusammen mit Gisela Scherer den LeseLenz ins Leben rief, war es seit dem Gründungsjahr ein Anliegen, auch Veranstaltungen für Kinder- und Jugendliche anzubieten. Zuerst fanden die Lesungen direkt im Klassenzimmer oder Kindergarten statt, seit 2011 gehören Begegnungen mit Kinder- und Jugendbuchautor*innen für die erste bis zur zehnten Klasse als jährliche Jugendbuchwoche zum festen Programm und seit 2014 trägt diese Reihe den schönen Namen *kinderleicht & lesejung*.

Seit vielen Jahren wählt eine Jury jedes Frühjahr aus mehreren Dutzend Bewerbungen drei Hausacher Stadtschreiber*innen aus, wovon eine*r aus dem Bereich Kinder- und Jugendliteratur kommt. Bereits zwölf Kinder- und Jugendbuchautor*innen haben so für jeweils drei Monate in Hausach gelebt und gearbeitet. Zusammen mit der Pädagogischen Hochschule Karlsruhe hat der LeseLenz seit 2014 eine Poetik-Vorlesung für Kinder- und Jugendliteratur begründet und verleiht außerdem seit 2017 den LeseLenz-Preis der Thumm-Stiftung für Junge Literatur. Die Preisträger*innen sind Finn-Ole Heinrich (2017), Arne Rautenberg (2018), Anja Tuckermann (2019) und Michael Stavarič (2020).

Durch diesen Fokus auf die Literaturvermittlung für Kinder und Jugendliche innerhalb eines Festivals hat sich der Hausacher LeseLenz ein Alleinstellungmerkmal geschaffen, das innerhalb der deutsch-sprachigen Festivallandschaft einzigartig ist.

Das besondere Jahr 2020

Wie das Corona-Virus im Jahr 2020 einen großen Bogen um das Schwarzwaldstädtchen Hausach gemacht hat, wäre Stoff für eine Abenteuergeschichte. Aber wie alle wissen, war das natürlich nicht so und darum konnte *kinderleicht & lesejung* nicht in gewohnter Form stattfinden. „Ha", dachten sich da die Organisator*innen, „dann können *wir* ja einen großen Bogen um Corona machen!" Und so entstand die Idee, die Kinder- und Jugendbuchwoche zwischen zwei Buchdeckel zu packen. Alle Autor*innen, die eigent-lich zu Gast bei *kinderleicht & lesejung* gewesen wären sowie alle LeseLenz-Preisträger*innen, wurden um einen Beitrag für dieses Buch gebeten. Und wie sie uns Geschichten und Gedichte geschickt haben! Lange und kurze Texte, Texte für Kinder, für Teenager, für Jugendliche. Dass die Illustrationen zu diesem Buch von der Künstlerin Petra Pfirmann stammen sollen, war uns schnell klar, denn wir wollten Illustrationen, die für die unterschiedlichen Altersstufen gleicher-maßen funktionieren; und wir sind glücklich, dass der Verlag Schiler & Mücke zugesagt hat, dieses Buch zu verlegen.

Literatur für Kinder und Jugendliche: querfeldein & quicklebendig

Dass Kinder und Jugendliche die Leser*innen von Morgen sind, wird gerne kolportiert. Das ist zwar irgendwie richtig, gleichzeitig aber auch ziemlicher Unsinn, sind sie doch bereits die Leser*innen von heute und haben deshalb genau hier und jetzt Anspruch auf Literatur und Anspruch auf anspruchsvolle Literatur.

Dieser Band ist ein kleiner Streifzug durch die Weiten der zeit-genössischen deutschsprachigen Kinder- und Jugendliteratur, in der sich Gedichte, Fantasy, Alltagsgeschichten, Fabeln oder Sach-texte genauso tummeln wie Märchenhaftes und Spaßtexte. Ob nun unterhaltend, lehrreich, ästhetisch oder sozialkritisch: die Vielfalt an Textsorten versucht die Vorlieben der jungen und jüngsten Leserschaft aufzugreifen, querfeldein & quicklebendig.

Zu einer Lesung zu gehen macht Spaß und ist ein Erlebnis! Da wird nicht nur vorgelesen, da können auch viele Fragen gestellt werden, da werden Kinder nach vorne auf die Bühne geholt und man darf so allerhand: Worte zurufen, Vorschläge machen, wie eine Geschichte weitergeht, hin und wieder laut trampeln, singen oder klatschen. Nun gibt es aber zur Zeit keine Veranstaltungen, bei denen man mitmachen oder hinterher über das Gehörte sprechen kann. Was also tun, wenn ein Text besonders gut gefällt und man ihn nach dem Lesen nicht einfach loslassen mag? Man mit seinen Gedanken an ihm festhängt? Vielleicht liest man ihn dann ein zweites und drittes Mal. Vielleicht würde man aber auch gerne irgendetwas anderes mit ihm machen. Aus diesem Grund hat sich Ulrike Wörner zu einigen Texten interaktive Seiten ausgedacht. Und als Bonus für alle Erwachsenen, die mit Kindern kreativ arbeiten, hat Victoria Agüera Oliver de Stahl aus ihrem Erfahrungsschatz als Referentin des Projektes „Ohrenspitzer" einen medienpädagogischen Ideenpool zusammengestellt.

Dass wir den Nerv unserer Leser*innen getroffen haben, ist uns Wunsch und Anliegen zugleich.

Ein frohes Tun mit diesem Buch, querfeldein & quicklebendig.

*Die Herausgeber*innen*

Für die Unterstützung in vielfältigster Weise danken die Herausgeber-*innen herzlich allen Autor*innen für ihre Texte, der Illustratorin Petra Pfirmann und den Verlegern Tim Mücke und Hans Schiler für die wunderbare Zusammenarbeit sowie Yves Noir, Dorothea Stade, Doris und Ernst Wörner.

Für die finanzielle Kooperation gebührt dem Verein zur Förderung des Hausacher LeseLenzes e.V., der Baden-Württemberg Stiftung, der Neumayer Stiftung und der Stadt Hausach großer Dank.

Medien-Ideenpool — Anregungen für die Praxis

ins Wort
in den Text
in die Sprache

M machbar
E eigenwillig
D durchdringbar
I innovativ
E emphatisch
N nachvollziehbar

Arbeiten mit digitalen Medien ist eine Herausforderung, aber machbar. Die Anzahl der Angebote ist beträchtlich, buchstäblich eigenwillig. Die Kombination zwischen analogem und digitalem Arbeiten sowie der Umgang mit den entsprechenden Medien bieten die Chance, einer eigenen Kreativität Ausdruck zu geben: Kreativität wird sichtbar, damit durchdringbar. Das Arbeiten mit diesen Medien bietet die Möglichkeit, im Fluss zu bleiben und Neues entstehen zu lassen. Das ist innovativ. Experimentieren eröffnet kurzweilige Möglichkeiten, aktiv zu werden und emphatisch. Medien sind Mosaiksteine für alle Lernprozesse, sie sind spielerisch nachvollziehbar.

Digitale Medien unterstützen fächerverbindendes, prozessorientiertes sowie selbständiges Arbeiten: Experimentieren, Recherchieren, Ausprobieren. Sie sind eine sinnvolle Ergänzung zur Arbeit im Fach Deutsch – Kinder und Jugendliche werden für den Umgang mit digitalen Medien sensibilisiert. Eine altersgerechte Sprache sollte bei der Auswahl der Übungen im Vordergrund stehen.

Machbar

Die hier vorgestellten kurzen Praxisbeispiele können kombiniert und weitergedacht werden. Sie sind Impulse. Bei der Umsetzung sollte man besonders diejenigen Schüler*innen im Blick haben, die in einem non-digitalen Unterricht eher passiv sind.

Die Struktur der ausgewählten Praxisbeispiele bezieht sich auf die bereits erwähnten Schlagwörter: Experimentieren, Recherchieren und Ausprobieren.

Möglicherweise gibt es in der Gruppe Schüler*innen, die lieber die technische als die inhaltliche Seite übernehmen wollen. Das ist völlig in Ordnung, denn auch so beschäftigen sie sich mit der Sprache und mit Texten.

Als ein gutes Instrument digitaler Arbeit an Texten hat sich der Audioeditor *Audacity* erwiesen, gerade für höhere Klassenstufen. Versprecher, Passagen, die nicht gefallen oder störende Geräusche werden herausgeschnitten beziehungsweise mit Hilfe der Rekorderfunktionen korrigiert.

Die mehrjährige Erfahrung mit medienpädagogischen Konzepten hat gezeigt, dass in den meisten Gruppen jemand dabei ist, der oder die gut mit Technik, mit Sprache, mit Rhythmik oder mit Musik umgehen kann. Nutzen Sie diese verschiedenen Fähigkeiten! Gemeinsam schafft man jedes Projekt, und alle werden eingebunden in die Auseinandersetzung mit der Sprache.

Die Handhabung der hier genutzten digitalen Medien finden Sie in den gut erklärten Tutorials auf der Homepage von www.ohrenspitzer.de .

Sowohl das Erleben als auch das Arbeiten bündeln sich zu einem Erfahrungswert, der die Kompetenzen für Sprache und Kommunikation erweitert. Fantasie und schöpferisches Einfühlungsvermögen können sich entfalten.

Eigenwillig

Gedichte und Geschichten mit einem Sprachausgabegerät in Stiftform wie dem *AnyBook Reader* (digitaler Audiostift) aufnehmen.

Klassenstufen 1 bis 9
Klassengröße bis 25 Schüler*innen
Zeitfaktor: 90 bis 180 Minuten

Praxisbeispiel – Geschichten und Gedichte von Anja Tuckermann

Die Aufgabe beginnt mit der Informationssammlung. Was erfahren die Schüler*innen über die Autorin im Internet, in Büchern, in Zeitschriften, in Zeitungen? Das Material wird auf Plakaten gesammelt, zum Beispiel als Collagen.

Mit einem interaktiven Lesesystem wie dem *AnyBook Reader* nimmt man nun als gesprochene Texte auf, was man auf den Plakaten gesammelt hat. Das sind Textpassagen oder Gedichtzeilen, Kommentare und Biografisches. Mit dem Audiostift lassen sich diese Beiträge indizieren (beim AnyBook Reader geschieht dies zum Beispiel mit Aufklebern) und beliebig oft kann man die Audiodateien abspielen.
Der Audioausgang des Stifts lässt sich über die Buchse *line-in* mit einem Computer verbinden, um etwa das vom Stift ausgegebene Audiosignal mit einer Software wie *Audacity* weiter zu bearbeiten.

Es entsteht eine audio-visuelle Gemeinschaftsarbeit aus den Plakaten und (bearbeiteten) Audioschnipseln, die zum Schluss präsentiert wird.

Das Entdecken unserer Welt und das Erkunden anderer Lebensweisen sind Motor für die Entstehung von Kreativität. Man schlüpft in die Perspektive eines anderen, entdeckt neue Sprachmuster, unterschiedliche Klänge und ändert damit seinen Blick. Das wiederum verändert Sprache. Prozesshafte Kompetenzen wie Sprechen und Zuhören sind bei diesem Praxisbeispiel gefordert und die digitalen Medien bieten zusätzliche Anreize und fördern die Motivation.

Durchdringbar

Ein Trickfilm entsteht mit Stop-Motion-Technik und einer passenden App dazu, z.B. *Stop Motion Studio.*

Material: Tablet-Computer oder Smartphone mit stabiler Halterung (Stativ)
Klassenstufen 1 bis 9
Klassengröße bis 25 Schüler*innen
Zeitfaktor: 120 bis 240 Minuten

Praxisbeispiel – Ein Gedicht von Arne Rautenberg aus diesem Band

Das Gedicht kann mit verschiedenen Materialien in Szene gesetzt werden: als Knet-, Zeichentrick-, Streichholz-, Papier-, Lego- oder andere Animation. Die Szenen werden durch das Bewegen der gewählten Materialien in Einzelbildern abfotografiert. Mit der Software entsteht ein Animationsfilm, der mit Sprache unterlegt wird. Im Internet findet man gute Tutorials zur Handhabung der App.
Die Texte können je nach Möglichkeiten digital aufgenommen, bearbeitet und zum Film geschnitten oder analog in die Projektion des Films gesprochen werden. Es hat sich bewährt, die Texte erst einzuüben und dann aufzunehmen.

Mit dem Ergebnis wird ein Kinotag organisiert – inklusive Popcorn und Eintrittskarten.

Eigene Gestaltungsmöglichkeiten, die in Sprache, Bild und Ton zum Ausdruck kommen, werden in ein prozessorientiertes Arbeiten umgesetzt und weitere Arbeitsprozesse angestoßen. So können Wort- und Bildräume entstehen und das vielseitige Arbeiten eröffnet unterschiedliche Kommunikationsebenen.

Innovativ

Aktive Audio-Arbeit anhand einer Geschichte

Material: Wiedergabegeräte (CD- oder MP3-Player) mit Lautsprecher oder Kopfhörer und Adapter, um mehrere Kopfhörer an das Wiedergabegerät anzuschließen.
Klassenstufen 6 bis 9
Klassengröße bis 25 Schüler*innen
Zeitfaktor: 90 bis 180 Minuten

Praxisbeispiel – Lesen der Geschichte Die kleine Sensenfrau von Michael Stavarič

In Gruppen aufgeteilt werden Textabschnitte still gelesen und dazu im Hintergrund (unter Kopfhörer oder bei nur einer Gruppe über Lautsprecher) jeweils verschiedene instrumentale Musikstücke gehört. Geeignet sind sowohl Stücke aus der klassischen Musik, aber auch Instrumentalstücke aus dem Bereich der Rock- und Popmusik: von Beethoven bis AC/DC.
Danach wird eine Diskussion in der Gruppe angestoßen:
Verändert sich der Text durch die Musik?
Welche Passagen oder Wörter haben mich berührt?
Anschließend schreiben die Schüler*innen ihre Gedanken und Eindrücke auf. In der Gruppe bespricht man nochmal die Ergebnisse.

So wird der Text aus einer neuen Perspektive wahrgenommen. Die auditive Wahrnehmung wird mit Bezug auf Textpassagen hinterfragt und besprochen. Welche Bilder entstehen? Was wird mit dem Gehörten assoziiert?

Es ist eine Entdeckungsreise in die eigenen Erlebniswelten und den Umgang mit dem Thema Tod, das oft verdrängt wird und über das man möglicherweise nicht oder nur selten spricht.

Nachvollziehbar

Aktive Audioarbeit anhand von Gedichten

Material: Aufnahmegeräte mit internen oder externen Mikrofonen
(USB-Mikros wie *Easy Speak* haben sich bewährt)
Klassenstufen 1 bis 5
Klassengröße bis 20 Schüler*innen
Zeitfaktor: 120 bis 180 Minuten

Praxisbeispiel – Gedichte von Arne Rautenberg aus diesem Band

Die Klasse wird in vier Gruppen aufgeteilt. Jede einzelne Gruppe liest
laut ein Gedicht und nimmt das Gesprochene auf. Einzelne Schüler*innen
können dabei auch Zeilen des Gedichtes übernehmen. Die Klasse hört
gemeinsam die gesprochenen Gedichte an. Was fällt auf?

Im Mittelpunkt der daran anschließenden Aufgabe steht die Frage: Könnte
man die Gedichte mit Geräuschen oder Musik untermalen?

Die Suche nach Geräuschen beginnt. Geräusche können in der Umgebung
gefunden oder selbst hergestellt werden. Die Entdeckungen werden
aufgenommen und mit dem Gedicht in Verbindung gesetzt.

*Ausgewählte Texte werden gezielt mit Geräuschen untermalt. Das Gedicht
wird zum Klingen gebracht, die Schüler*innen werden für Geräusche und
Sprache sensibilisiert. Durch die Sprachaufnahmen erhält man eine direkte
Rückmeldung über die eigene Sprache. Die Sprachfreude wird durch die
Auseinandersetzung mit dem Text unterstützt und vertieft.*

Eine Projektwoche zu *Der Zaubergarten* von Sue Glanzner

Szenisches Erkunden einer Geschichte

Material: Aufnahme- / Wiedergabegeräte mit Lautsprecher, Kopfhörer und Adapter, um mehrere Kopfhörer an die Geräte anzuschließen, Mikrofone; Papier in verschiedenen Farben und Formaten; Farben (Acryl- oder Wasserfarben, Filz- und Holzstifte, Klebstoff, Scheren)
Klassenstufen 2 bis 6
Klassengröße bis maximal 15 Schüler*innen
Zeitfaktor: 5 Tage à 120 bis 180 Minuten

1. Tag: Einstiegsphase
Vorlesen der Geschichte
Assoziative Bildentwicklung zur gehörten Geschichte: „Ich male oder gestalte meinen Zaubergarten."
Skizzieren der Ideen
Umsetzung der assoziierten Bilder in einer Farb- und Papierwerkstatt

2. Tag und 3. Tag: Durchführungsphase
Szenisches Erkunden: Klang- und Worträume finden durch Sprache, Töne und Geräusche, die im Zaubergarten vorkommen.
Probeaufnahmen in einer Klang- und Geräuschewerkstatt.

Bilder und Klänge/Geräusche sollten zunächst in Freiarbeit entstehen.

Anhand der entstandenen Bilder und Klänge werden Szenen der Geschichte entwickelt.
Handlungsorte und Handlungsschritte werden benannt.
Vom Sprechen zum Schreiben: Szenenmomente werden auf Wörterplakaten festgehalten, ein Storyboard entsteht.

Beispielszenen
Szene 1: Maja liegt im Bett und riecht den Duft von wunderbarem Käsekuchen; z.B. Gähnen, freudiges Schmatzen, sanfte Klänge.
Szene 2: Sommerferien bei Oma, z.B.: Herzklopfen, Geschirrklappern

Gestaltung von Einzelszenen zum Aufbau einer Szenenabfolge.
Herstellen von Requisiten und Auswahl geeigneter Musik und Geräuschbegleitung.
Auswahl der Sprechrollen: Wer spricht was?
Auswahl der Geräuschemacher*innen.
Auswahl der Tonmeister*innen.
Aufnahme verschiedener Sprecher*innen und Geräusche.

4. Tag und 5. Tag: Durchführungsphase
Besprechung und Überarbeitung der bisherigen Ergebnisse.
Hauptaufnahme der szenischen Gesamtdarstellung.

Schlussphase
Präsentationsplanung: Arrangement der Bilder und Wiedergabe der Texte und Klänge.
Inszenierung z.B. als Rundgang durch die Szenenbilder begleitet von einem Audioguide.

Jeder Projekttag sollte mit einer Feedbackrunde und einer Vorausschau beendet werden.

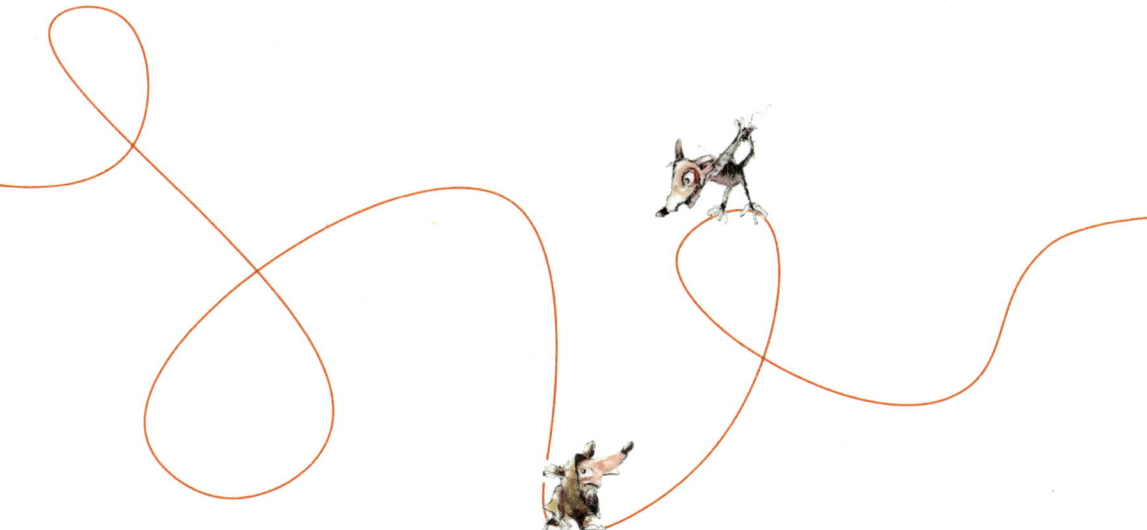

Weitere Impulse

Interview

– Erster Einblick in das journalistische Arbeiten
– Selbstaktivierung
– Einübung kommunikativer Fähigkeiten
– Einholung gezielter Informationen
– Selbstwahrnehmung
– Klassenstufen 3 bis 9
– bis zu 25 Teilnehmer*innen

Ein Text wird gelesen, um sich in ein Thema einzuarbeiten. In Gruppen
werden Fragen verfasst und ausgearbeitet, die Schüler*innen interviewen
sich gegenseitig. Das jeweilige Interview sollte mitgeschrieben oder
aufgenommen werden, später kann es in der Diskussion mündlich ergänzt
werden. Durch Aufnahmegeräte können die Interviews mehrmals angehört
und genutzt werden .
Fünf Fragen reichen für drei bis fünf Minuten Interview.
Beispielfragen:
Was beschäftigt dich am meisten bei diesem Text?
Was fällt dir noch zum Thema des Textes ein?
Fehlt dir etwas in dem Text?
Was würdest du weglassen?

Clusterarbeit

– Texte werden erfasst
– Recherchearbeit
– Kopfkino
– Gedankensammlung
– eigenes Schreiben entdecken
– Klassenstufen 2 bis 6
– bis zu 25 Teilnehmer*innen

Die Teilnehmenden bekommen die Überschrift eines Textes aus diesem
Buch. Es werden alle Assoziationen zur Überschrift auf einem großen
Plakat notiert. Die Stichwörter oder Gedanken werden zu Sätzen

ausformuliert. Die Sätze werden zu einem Text zusammengefasst. Diese viel verwendete Methode lässt sich gut in Verbindung mit digitalen Medien als Audio- oder Videoarbeit neu gestalten.

Satztropfen

– Sensibilisierung für Wörter
– Fantasievoller Umgang mit Worten
– Kommunikationsfähigkeit
– Gedankenwelt in Worte fassen
– Klassenstufen 2-9
– bis zu 25 Teilnehmer*innen

Ein Gedicht wird in seine einzelnen Wörter „geschnitten", neu zusammengelegt, auch mit Auslassungen; ein neuer Text wird verfasst.
„Satztropfen" ist eine Wortschöpfung, die José F.A. Oliver in seinen Schreibwerkstätten entwickelt hat.

Eine kleine Hilfe – Methoden zur Textarbeit

– Durch das Lesen werden die Schüler*innen an den Text herangeführt.
– Beim Sprechen werden Stimmungen/Emotionen verbalisiert.
– Das Nach-und das Weitererzählen bringt den Text näher.
– Das Gestalten des Textes durch Illustrationen, Rollenspiele, szenische Inszenierungen und die aktive Medienarbeit intensiviert das Thema.
– Kreative Schreibaufgaben lassen ins Schreiben kommen.
– Durch kooperatives Arbeiten kommt die Kommunikation ins Spiel.

Diese allgemeinen Überlegungen können beim Bearbeiten eines Textes eine gute Hilfe sein. Die prozesshafte Entwicklung beim Schreiben eröffnet den Schüler*innen eigene Gestaltungsmöglichkeiten, die sich in Sprache, Bild und Ton ausdrücken und umsetzen lassen. Diese signifikanten Impulse bilden eine Grundlage für die ästhetische Bildung durch das eigene Schreiben. Verschiedene Zugangsweisen sollen die Arbeitsprozesse anstoßen.

Durch die Komplexität der Aufgabenstellung eröffnen sich vielfältige Kommunikationsebenen. Dank der gemachten Hör- und Schreiberfahrungen werden Persönlichkeitskompetenzen weiterentwickelt, die es ermöglichen, die eigene Welt handlungsorientiert zu erschließen. Wie Marcel Reif sagte: „Sprache ist ein Geschenk."

Materialien für die digitale Medienarbeit

Kopfhörer
Audio-Splitter-Adapter für Kopfhörer
Mikrofon (z.B. Easy Speak)
Tablet-Computer, Smartphone
Audiostift (z.B. Any Book Reader)
Lautsprecher (Bluetooth-Lautsprecher sind praktisch)
Computer
Laptop
Audio-Video-Software

Link-Empfehlungen zum Thema Medien

www.ohrenspitzer.de (sechs Module zur Zuhörförderung im Unterricht)
www.auditorix.de (tolle Hörprojekte für Pädagog*innen)
www.audacity.de (Tonstudiotechnik: Aufnehmen und Editieren)
www.medianezz.de (Medienpädagogische Angebote)
www.lmz-bw.de (digital Lehren und Lernen)
www.medienundbildung.com (digitaler Werkzeugkasten und mehr)
www.audiyou.de (Internetportal für Up- und Download von Audiodateien)

Autor*innen

KATJA BRANDIS

wurde 1970 geboren, wuchs im Rhein-Main-Gebiet auf und studierte dort Amerikanistik, Germanistik und Anglistik. Sie begann schon als Kind Geschichten zu schreiben, die oft in fernen Welten spielten. Nach einem Volontariat bei einem Verlag und einer Anstellung als Journalistin konnte sie 2006 endlich den Traum wahr machen, sich ganz dem Bücherschreiben zu widmen. Inzwischen hat sie über 50 Bücher veröffentlicht, davon etwa die Hälfte Romane für junge Leser wie z.B. *Khyona, Ruf der Tiefe* oder *White Zone*. Sie hat viele Fans und ist mit ihren Fantasy-Reihen *Woodwalkers* und *Seawalkers* regelmäßig ganz oben auf der Bestsellerliste vertreten.

Aktuelle Titel: *Seawalkers: Ein Riese des Meeres,* Arena Verlag 2021; *Woodwalkers & Friends: Katzige Gefährten.* Arena Verlag, 2020; *Khyona: Die Macht der Eisdrachen,* Arena Verlag 2019.

www.katja-brandis.de

MARTIN EBBERTZ

geboren 1962 in Aachen, aufgewachsen in Prüm (Eifel), studierte in Freiburg, Münster und Frankfurt am Main Germanistik, Geschichte und Philosophie. Nebenbei war er Fensterputzer, Mitarbeiter eines ländlichen Kulturamts (als Vermessungsgehilfe und Grenzsteineinsetzer), Flohmarkt-händler, Antiquar und Mitherausgeber der Literaturzeitschrift *Am Erker*. Nach einem Jahr als Lehrer in Frankreich lebte er als freier Schriftsteller zunächst in Frankfurt am Main, dann fünf Jahre in Thessaloniki und 15 Jahre in Boppard am Rhein. Seit 2015 lebt und arbeitet er wieder in Frankfurt. Martin Ebbertz schreibt für Kinder und Erwachsene. Seine Bücher wurden bereits mehrfach ausgezeichnet. Bekannt sind besonders „Der kleine Herr Jaromir" und Onkel Theos verrückte Geschichten aus „Ein Esel ist ein Zebra ohne Streifen".

Aktuelle Titel: *PRIMA HOL ZOFEN PIZZA.* Gedichte für Kinder. Razamba, 2019; *Feuer in der Eiswürfelfabrik. 66 Kürzestgeschichten.* Axel-Dielmann Verlag 2017; *Der kleine Herr Jaromir und der dicke Herr Fuchs.* Kinderbuch. Razmaba, 2015.

www.ebbertz.de

SUSANNE GLANZNER

geboren 1977 in Unterfranken, lebe, liebe und arbeite ich seit fast zwanzig Jahren in Stuttgart, der Stadt meines Herzens. Sie würde ich höchstens zugunsten eines Häuschens am Meer oder eines verwunschenen Zaubergartens verlassen, doch bisher hat das Universum mir die neue Adresse noch nicht mitgeteilt, also bleibe ich bis auf Weiteres hier.

Sowohl neben und nach meinem Modedesign-Studium als auch während meiner Zeit in der Modebranche war (und bin ich noch immer) Barfrau aus Leidenschaft. Ich ging als Merchandiserin auf Tour mit Caro Emerald und Udo Jürgens, wanderte kurz aus nach Kreta, arbeitete in einem Kinderbuchverlag, gründete mein eigenes Kindermodelabel und wurde schließlich aus Versehen Schriftstellerin. Und so entstanden *Anna Apfelkuchen*, die Abenteuer von *Kalle Komet* oder *Shaiko* und viele andere Bücher für Kinder, Jugendliche und Erwachsene.

Aktuelle Titel: *Shaiko*. Kinderroman. Härter Kinderbuchverlag, Reutlingen 2019; Neuauflage BOD 2021; *Kalle Komet, Die FußbALL- Meisterschaft.* Kinderbuch. Ellermann Verlag 2018; *Kalle Komet, Auf ins Drachenland!* Kinderbuch. Ellermann Verlag 2017.

www.susanne-glanzner.de

MARCUS HAMMERSCHMITT

1967 in Saarbrücken geboren, studierte Philosophie und Literaturwissenschaft in Tübingen. Seit 1994 ist er als freier Schriftsteller tätig, hat Romane und Erzählungen, Hörspiele, Gedichte, Essays und anderes veröffentlicht und zahlreiche Auszeichnungen erhalten.

Aktuelle Titel: *Die Teufelsinsel.* Erzählung, Edition J.J. Heckenhauer, 2020; *Der Brief des Nachtportiers.* Lyrik, Edition Monhardt, 2019; *Waschaktive Substanzen.* Kurzprosa, Edition Monhardt, 2016.

www.marcus-hammerschmitt.de

FINN-OLE HEINRICH

geboren 1982, ist Geschichtenerzähler und Performer. Neben seinen Romanen, Erzählungen, Drehbüchern und Stücken für Erwachsene, ist er auch als Kinderbuchautor und Dramatiker von Kindertheaterstücken erfolgreich. Für seine Arbeiten hat er zahlreiche Preise und Auszeichnungen bekommen: unter anderem den LUCHS-Jahrespreis, den Deutsch-

Französischen Jugendliteraturpreis, den Deutschen Jugendliteraturpreis, den Strittmatter-Drehbuchpreis und den Leselenz-Preis der Thumm-Stiftung für Junge Literatur. Finn-Ole Heinrich tritt gerne und viel und eigentlich überall auf. Allein, zu zweit, mit Musikern oder einem ganzen kleinen Orchester.

Aktuelle Titel: *Und diesen Ort, den nennst du Huul. Eine Geschichte von Zonka und Schlurch*. Theaterstück. Uraufführung WLB Esslingen 2019; *Die Reise zum Mittelpunkt des Waldes*. Roman für Kinder und Erwachsene. mairisch Verlag, 2018; *Schlafen wie die Rüben* (mit Dita Zipfel und Tine Schulz). Bilderbuch. Erscheint im Frühjahr 2021 bei Huckepack im mairisch Verlag. *Räuberhände*, Kinofilm, Premiere verschoben wg. Corona, nun voraussichtlich Frühjahr 2021.

www.finnoleheinrich.de

LUCINDE HUTZENLAUB

wurde 1970 in Stuttgart geboren und lebt nach mehreren Auslands-aufenthalten in England, Spanien, USA und Japan wieder in Baden-Württemberg. Sie ist diplomierte Kommunikationsdesignerin und arbeitet inzwischen als Autorin und Kolumnistin. Sie ist verheiratet und Mutter von drei Töchtern und einem Sohn. Und drei Katzen hat sie auch. Sie wurde von ihren Eltern nach einem Roman von Friedrich Schlegel benannt und hätte sehr lange gerne Stefanie, Corinna oder sogar auch Elke geheißen.

Aktuelle Titel: *Schmetterlinge lügen nie*. Jugendroman. Verlag Planet! Thienemann-Esslinger, 2021; *Tante Elsie hat Schwein*. Roman. Weltbild, 2020; *V – wie Vincent*. Jugendroman. Verlag Planet! Thienemann-Esslinger, 2019.

www.lucinde-hutzenlaub.de

ANDREA KARIMÉ

ist in Kassel geboren und mit dem Klang vieler Sprachen im Ohr aufgewachsen. Nach dem Studium der Musik- und Kunsterziehung arbeitete sie zwölf Jahre als Grundschullehrerin. Heute lebt sie als freie Kinderbuchautorin, Dichterin und Geschichtenerzählerin in Köln. Für ihr Werk erhielt sie viele Stipendien und Auszeichnungen, zuletzt den Kinderbuchpreis des Landes NRW für *King kommt noch*.

Aktuelle Titel: *Sterne im Kopf und ein unglaublicher Plan*. Kinderroman.

Peter Hammer Verlag, Frühjahr 2021; *Antennenkind.* Kinderbuch. Picus Verlag Wien, erscheint im Herbst 2021; *Das schönste Zimmer in meinem Kopf.* Kindergeschichte in freien Versen. Elif Verlag, erscheint im Herbst 21; *Samba, Schwein und das Geheimnis der Mühle*, Picus Verlag Wien 2018, *King kommt noch,* Peter Hammer Verlag 2017.

http://andreakarime.de

ARNE RAUTENBERG

geboren 1967 in Kiel. Nach dem Studium der Kunstgeschichte, Neuerer Deutscher Literaturwissenschaft und Volkskunde lebt Arne Rautenberg seit 2000 als freier Schriftsteller und Künstler in seiner Geburtsstadt. Sein literarisches Hauptbetätigungsfeld ist die Lyrik. Gedichte und Geschichten sind in mehreren Einzeltiteln sowie in zahlreichen Anthologien und Zeitschriften erschienen. Zudem sind viele seiner Gedichte in Schulbücher aufgenommen worden. 2017 wurde Arne Rautenberg in die Deutsche Akademie für Sprache und Dichtung aufgenommen und 2018 in die Deutsche Akademie für Kinder- und Jugendliteratur. Preisträger des Leselenz-Preises der Thumm-Stiftung für Junge Literatur.

Aktuelle Titel: *kuddelmuddel remmidemmi schnickschnack.* Gedichte für Alle! Peter Hammer Verlag 2020; *permafrost.* Lyrik. Verlag Das Wunderhorn, 2019.

www.arnerautenberg.de

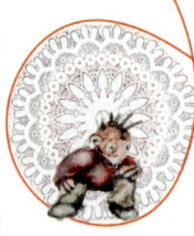

FADI SAAD

geboren 1979 in West-Berlin, ist mit sieben Geschwistern im Soldiner Kiez im Wedding aufgewachsen. Seine Eltern sind Palästinenser. Fadis Jugend verlief turbulent und nicht immer so, wie es sich seine Eltern gewünscht haben. Doch irgendwann änderte er sein Leben radikal und absolvierte erfolgreich seine Ausbildung zum Bürokaufmann, arbeitete im Deutsch-Arabischen Kulturinstitut und als Quartiersmanager und Streetworker. Nach dem Abschluss der Polizeischule, arbeitet Fadi inzwischen im Dienst der Berliner Polizei. Für seine Arbeit wurde er mit dem Interkulturellen Dialog-Preis und dem Deutschen Förderpreis Kriminalprävention ausgezeichnet.

Aktuelle Titel: *Der große Bruder von Neukölln – Ich war einer von ihnen – vom Gang-Mitglied zum Streetworker.* Herder Verlag, 2010; *Kampfzone*

Straße – Jugendliche Gewalttäter jetzt stoppen. (Mit Karlheinz Gaertner)
Herder Verlag, 2012.

MICHAEL STAVARIČ

geboren 1972 in Brno, lebt seit 2008 als freier Schriftsteller, Übersetzer, Kritiker und Gutachter in Wien. Studierte an der Universität Wien Bohemistik und Publizistik/ Kommunikationswissenschaften; über zehn Jahre lang tätig an der Sportuniversität Wien – als Lehrbeauftragter fürs Inline-Skating. Nach dem Studium sieben Jahre lang im diplomatischen Dienst tätig – für die Tschechische Republik, u.a. für S.E. Jiri Grusa und S.E. Rudolf Jindrak. Verschiedene Poetikdozenturen sowie zahlreiche Stipendien und Auszeichnungen – u.a. Adelbert von Chamisso Preis, Österreichischer Staatspreis für Kinder und Jugendliteratur und Leselenz-Preis der Thumm-Stiftung für Junge Literatur ausgezeichnet.

Aktuelle Titel: *Balthasar Blutberg.* Ill. Dorothee Schwab. Kinderbuch, Luftschacht 2020; *Fremdes Licht.* Roman. Luchterhand, 2020; *Die Menschenscheuche.* Ill. Stella Dreis. Kinderbuch. Kunstanstifter, 2019.

www.facebook.com/stavaric/

ANJA TUCKERMANN

geboren 1961, ist in Berlin-Kreuzberg aufgewachsen. Sie engagierte sich in der feministischen Mädchenbewegung und gab die von ihr gegründete Zeitschrift *Tigermädchen* heraus, die Texte von Kindern und Jugendlichen veröffentlichte. Als Redakteurin arbeitete sie beim RIAS-Kinderfunk und leitet seit vielen Jahren Schreibwerkstätten für junge Menschen und Erwachsene zum Schreiben von Prosa und Theaterstücken. Ihre Bücher wurden in zahlreiche Sprachen übersetzt und sie erhielt viele Auszeichungen, u.a. den Deutschen Jugendliteraturpreis und den Leselenz-Preis der Thumm-Stiftung für Junge Literatur.

Aktuelle Titel: *Wir schweigen nicht. Der Weg der Weißen Rose und der Geschwister Scholl in den Widerstand.* Arena Verlag, 2016; *Mano. Der Junge, der nicht wusste, wo er war.* KLAK Verlag, 2015; *Nusret und die Kuh.* Bilderbuch. Tulipan Verlag, 2016; *Der Mann, der eine Blume sein wollte.* Bilderbuch. Tulipan Verlag, 2018. *Palmström, Korf und Kunkel.* Hirnkost Verlag, 2021

www.literaturport.de/Anja.Tuckermann

Illustratorin

PETRA PFIRMANN
geboren 1962 in Rüdesheim am Rhein, lernte Webgesellin, studierte Politik,
Empirische Kulturwissenschaften und Soziologie. Statt das Studium abzu-
schließen, arbeitete sie in Bühne und Regie am Staatstheater Stuttgart,
macht regelmäßige Reisen in Journalismus, Literatur und Politik. Die
bildende Kunst in allen Facetten und die Rolle der gestalterischen Ressour-
cen in der Entwicklung psychosozialer und gesellschaftlicher Kontexte
sind ihr Lebensmittelpunkt und Inhalt von Weiterbildung, Seminaren und
Coachings. Ihre Agentur für Getümer und Ungetümer findet mit ihr (Pfirmann) als Spezialistin für textile Strukturen einfühlsame Möglichkeiten,
Welten, Geschichten und Menschen zu verbinden und die gemeinsame
Seele sichtbar und erfassbar zu machen.

https://petra-pfirmann.de/

Herausgeber*innen

ULRIKE WÖRNER
geboren 1969 in Schorndorf, studierte Allgemein Vergleichende Literaturwissenschaft, Germanistik und Politikwissenschaften. Seit Abschluss des
Studiums vermittelt sie als Geschäftsführerin des Friedrich-Bödecker-
Kreis Baden-Württemberg Schriftsteller*innen an Schulen und unter-
richtet literarisches Schreiben im In- und Ausland. Daneben ist sie für
verschiedene Jurys tätig und arbeitet als Kuratorin für das Festival
Sprachsalz in Österreich. Beim Hausacher LeseLenz unterstützt sie José
Oliver seit vielen Jahren als stellvertretende Festivalleiterin und kuratiert
die Reihe *kinderleicht & lesejung*.

Aktuelle Titel: *Aus allem alles machen. Eine Reise durch die heutige
Kinder- und Jugendliteratur* (Hg. Ulrike Wörner) Fabulus Verlag, Fellbach
2019; *Praxismaterial Erzählendes Schreiben im Unterricht* (zus. Mit Tilman
Rau). Klett Kallmeyer, Seelze 2016.

www.ulrike-woerner.de

JOSÉ F.A. OLIVER

geboren 1961 in Hausach, andalusischer Herkunft. Lyriker, Essayist, Übersetzer. Ausgezeichnet u.a. mit dem Adelbert-von-Chamisso-Preis (1997), dem Kulturpreis des Landes Baden-Württemberg (2007), dem Basler Lyrikpreis (2015) und der Liliencron-Dozentur (2019). Poetik-Dozenturen am M.I.T. (Cambridge / USA), an der TU Dresden und LMU München und an der Universität Bayreuth. Dozent für Literarisches Schreiben im In- und Ausland. José Oliver gründete 1998 gemeinsam mit Gisela Scherer den Hausacher LeseLenz und leitet seither das Festival (www.leselenz.eu).

Aktuelle Titel: *21 Gedichte aus Istanbul, 4 Briefe und 10 Fotow:orte.* Matthes & Seitz, Berlin 2016 und *wundgewähr.* Gedichte. ebda. 2018; gemeinsam mit Mikael Vogel *Zum Bleiben, wie zum Wandern – Hölderlin, theurer Freund. 20 Gedichte und ein verzweifeltes Lied.* SCHILER & MÜCKE Verlag, Tübingen/Berlin 2020. In den USA: *sandscript. Selected Poetry 1987 – 2018.* White Pine Press, New York 2018.

www.oliverjose.com

VICTORIA AGÜERA OLIVER DE STAHL

geboren 1968 in Hausach, studierte Heilpädagogik, machte das nationale Maria Montessori Diplom. Sie ist Fachberaterin für Vorschuldidaktik. Gibt Fortbildungen und Werkstätten im Kinder-und Erwachsenenbereich, sowie in der Inklusionsarbeit. Zusätzlich arbeitet sie als freie Mitarbeiterin der Stiftung MedienKompetenz Forum Südwest und des Kindermedienlandes Baden-Württemberg. Leiterin der Grundschulförderklasse in Gengenbach. Beim Hausacher LeseLenz organisiert sie die Reihe *kinderleicht & lesejung* in Zusammenarbeit mit der stellvertretenden Festivalleiterin Ulrike Wörner.

stahl.victoria@gmx.de
koordination.kinderleicht@leselenz.com

123

kinderleicht
& lesejung

Poetik-Dozentur für Kinder- und Jugendliteratur
des Hausacher LeseLenzes
und der Pädagogischen Hochschule Karlsruhe

Vorlesungen 2014 – 2019

herausgegeben von Beate Laudenberg
José F. A. Oliver und Ulrike Wörner

SCHILER & MÜCKE

Sie wollen wissen, wie man für Kinder schreibt? Ich werde versuchen, dieser Aufgabe, die man mir zutraut, gerecht zu werden. Nicht weil ich besonders befugt dazu wäre. Oftmals sind die, die etwas regelmäßig tun, diejenigen, die am wenigsten wissen, *wie* sie es tun. Geschweige denn, dass sie einem erklären können, wie *man* es macht. Da fällt mir meine Mutter und ihr Gnocchi-Teig ein. Die ganze Welt macht weiche Gnocchi, die mürb sind und die man leicht mit der Gabel zerdrücken kann. Nur meine Mutter schafft es, *al-dente*-Gnocchi zu machen, die also auch nach dem Kochen noch gut beißbar sind – genial! Die besten, die man sich vorstellen kann. Letzthin wollte ich es ein für alle Mal wissen. Ich setze mich zu ihr an den Küchentisch und sie zeigte es mir ...«

Aus der Vorlesung von Franco Supino.

So sehr sich die hier versammelten Autoren und Autorinnen in Alter, Herkunft und Schreibstil unterscheiden, so einig sind sie sich darin, dass sie nicht nur für junge Menschen schreiben. Als Stipendiaten und Stipendiatinnen des Hausacher LeseLenzes waren sie erstmalig aufgerufen, ihre Auffassung von Literatur und vom Schreiben darzulegen und ihre Erfahrungen Studierenden und Lehrenden sowie einer interessierten Öffentlichkeit vorzutragen.

Entstanden sind überaus aufschlussreiche und sehr unterhaltsame Vorlesungen von Nils Mohl, Thorsten Nesch, Kathrin Schrocke, Franco Supino und Julia Willmann.

Poetik-Dozentur für Kinder- und Jugendliteratur des Hausacher LeseLenzes und der Pädagogischen Hochschule Karlsruhe

Beate Laudenberg, Ulrike Wörner und José F. A. Oliver (Hg.)

kinderleicht & lesejung

Klappenbroschur 192 Seiten
ISBN 978-3-89930-382-7

HAUSACHER
LESE
LENZ

Leonor Quinteros Ochoa

EXILKIND

Briefe und Erinnerungen aus Chile und Deutschland

SCHILER & MÜCKE

»Exilkind ist eine Sammlung von Briefen, Erinnerungen und Tagebuchaufzeichnungen aus der Zeit nach der Verhaftung meines Vaters und während unseres Exils zuerst in Belgien und dann in Tübingen. Die moralische Verantwortung gegenüber heutigen Flüchtlingskindern gab mir die Antwort auf die Frage, ob ich meine Tagebücher verbrennen, wegwerfen oder aufbewahren und sogar veröffentlichen sollte. Dem chilenischen Mädchen im Exil eine Stimme zu geben, kann anderen helfen, sich aus ihrer Unsichtbarkeit und damit aus ihrer Ohnmacht zu befreien. Exil bedeutet immer eine gebrochene Familiengeschichte und anhand meiner Biografie wird klar, warum das Exil auch eine Menschenrechtsverletzung ist.«

Leonor Quinteros Ochoa

Leonor Quinteros Ochoa, geboren in Santiago de Chile, kam Mitte der Siebzigerjahre als Kind exilierter Eltern nach Tübingen, wo die Familie bis 1985 lebte. Von 2005 bis 2009 studierte sie Soziologie an der Universidad Arturo Prat in Iquique, Chile, wo sie im Anschluss Sozialforschung, Kulturwissenschaften, Geschlechtersoziologie und Soziologie der Gesundheit und Erziehung lehrte. Seit 2020 ist sie Doktorandin an der Universität Münster.

Foto: privat

»Ihrem Buch, das zahlreiche Zeichnungen und Fotos aus der Tübinger Zeit enthält, ist auch im Zufluchtsland Deutschland eine große Verbreitung zu wünschen. Alle, die es lesen, werden das Staunen darüber lernen, was Kinder leisten und bewältigen. *Ulrike Pfeil, Schwäbisches Tagblatt*

Briefe und Erinnerungen aus Chile und Deutschland

Leonor Quinteros Ochoa   **Exilkind**

Klappenbroschur 114 Seiten
ISBN 978-3-89930-391-9

Niemand hätte von Anne Frank, ihrer Familie und ihrem tragischen Schicksal erfahren, wenn nicht Annes Tagebuch überlebt hätte. Dieses Tagebuch inspirierte die Dichterin und Schriftstellerin Marjorie Agosín seit ihrer Kindheit.

Um jungen Menschen die Geschichte und die Persönlichkeit des jüdischen Teenagers Anne Frank nahe zu bringen, nimmt die Autorin ihre Leserinnen und Leser mit auf die Reise der Familie Frank: die Flucht aus Nazi-Deutschland, der aufregende Neuanfang in Amsterdam, der Gang in den Untergrund und die Enge des Verstecks, in dem sie in Angst vor Entdeckung, Abtransport und Ermordung lebt.

Marjorie Agosín (Text) und Francisca Yáñez (Illustrationen) entwerfen eine poetische und einnehmende Vorstellung von Annes Welt und geben ihr so ihre Würde als wunderbare junge Schriftstellerin wieder.

Marjorie Agosín, geboren 1955, wuchs in Chile als Tochter jüdischer Eltern auf. Agosíns Familie nahm die Gerüchte um einen bevorstehenden Staatsstreich Augusto Pinochets (1973) ernst und verließ das Land Richtung Vereinigte Staaten. In ihrer wissenschaftlichen wie in ihrer kreativen Arbeit konzentriert Agosín sich auf soziale Gerechtigkeit, Feminismus und die Geschichte der Erinnerung. Die Gedichte der Menschenrechtsaktivistin Marjorie Agosin imaginieren die Erinnerungen ihrer aus Wien stammenden jüdischen Urgroßmutter:

Foto: privat

Engel der Erinnerung, zweisprachige Ausgabe spanisch-deutsch | ISBN 978-3-89930-030-7

Aus dem Spanischen übersetzt von Simone Reinhard

Marjorie Agosín

Anne und die Farben des Nebels
Erzählung, frei nach dem Tagebuch der Anne Frank.

Hardcover 72 Seiten
ISBN 978-3-89930-381-0